ASIEN
AUS-
TRALIEN
ANT-
ARKTIS

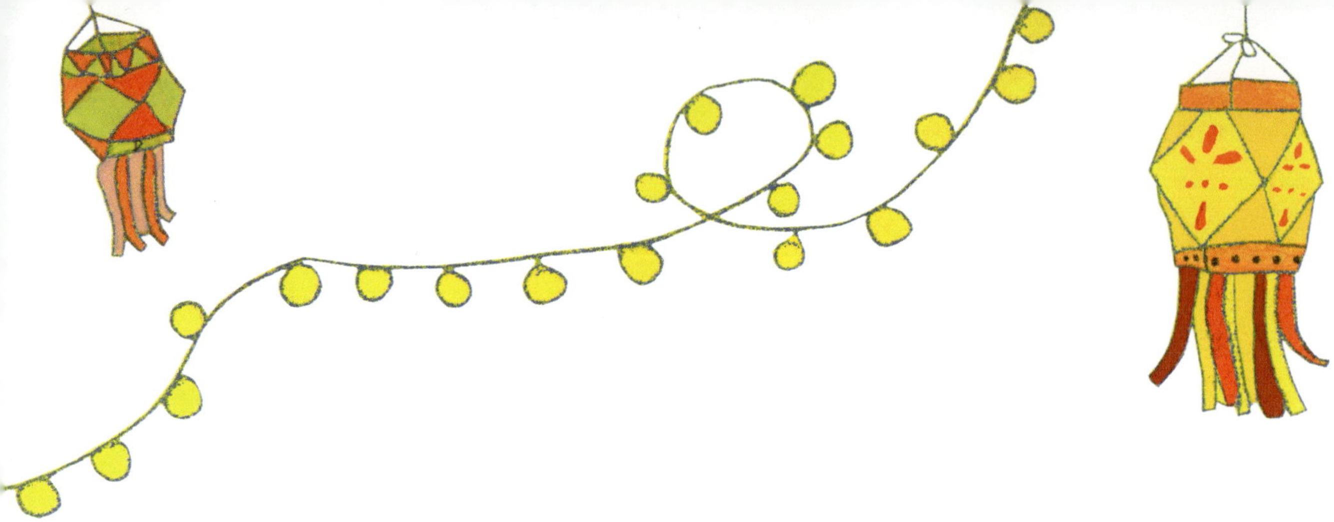

Baierbrunner Straße 27, 81379 München
Ausgabe 2019

Text: Dr. Miriam Schultze
Illustrationen: Anne Marie Braune
Redaktion: Antonia Kalthoff
Produktion: Ute Hausleiter
Abbildungen: siehe Bildnachweis S. 140
Titelillustration: Anne Marie Braune
Gestaltung: MP-Medien, München. Modifiziert von A flock of sheep Ltd.
Umschlaggestaltung: MP-Medien, München

ISBN 978-3-8174-2356-9
381742356/1

Besuchen Sie uns auf Instagram und Facebook: circonverlag
www.circonverlag.de

TEXT VON MIRIAM SCHULTZE
MIT ILLUSTRATIONEN VON ANNE MARIE BRAUNE

circon

INHALT

Religiöse Feste

Traditionelle Feste

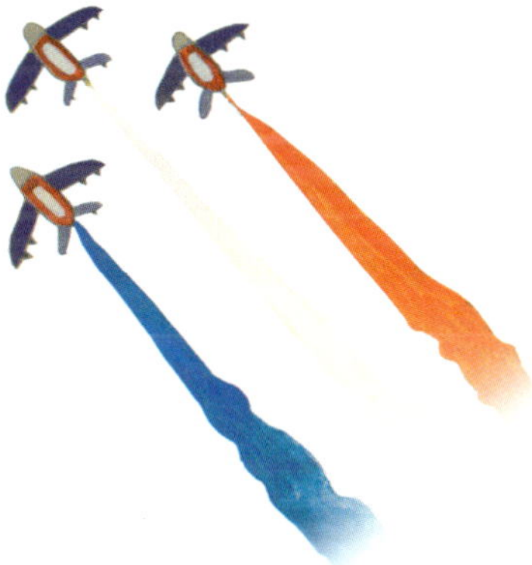

Internationale Feste

WARUM FEIERN WIR?

An den allermeisten Tagen im Jahr haben wir einen festen Rhythmus: Wir stehen morgens auf, wir ziehen uns an, frühstücken etwas, putzen uns die Zähne und gehen in die Schule oder zur Arbeit. Anschließend haben wir Zeit für Hobbys wie Sport oder das Erlernen eines Musikinstrumentes, wir treffen uns mit Freunden oder machen es uns zu Hause gemütlich.

Und dann nähert sich plötzlich ein Fest: der eigene Geburtstag, Weihnachten oder Halloween – und wir freuen uns so richtig darauf! An diesem Tag ist alles ein bisschen anders als sonst und viele Regeln aus dem Alltag sind für kurze Zeit aufgehoben. Die Gründe für ein Fest sind ganz unterschiedlich: weil sich die Jahreszeit ändert, weil wir in die Schule kommen oder die Abschlussprüfung geschafft haben, weil der erste Milchzahn ausgefallen ist oder weil zwei Menschen, die wir kennen, heiraten.

Jedes Fest hat seine eigenen Rituale. Manchmal dürfen wir an dem Tag so viel essen oder trinken, wie wir wollen. Manchmal können wir uns auch verkleiden. Und manchmal dürfen wir uns sogar richtig danebenbenehmen! Feste unterbrechen also unseren Alltag, ganz egal, wie wir feiern. Feste bringen vieles durcheinander. Das ist auch der Grund, warum wir feiern. Menschen brauchen Feiertage, um ihr Leben anschließend wieder neu ordnen zu können. Feste geben uns auch die Möglichkeit, Verwandte und Freunde zu treffen, die wir im Alltag nicht immer sehen können.

Feste richten sich häufig nach unterschiedlichen Kalendern. Am weitesten verbreitet ist der *Gregorianische Kalender.* Die meisten Feste in Deutschland richten sich danach. Aber es gibt auch Feste, die nach dem *Mondkalender* oder dem *Sonnenkalender* berechnet werden.

Kursiv gesetzte Wörter kannst Du im Glossar auf Seite 138 nachschlagen.

WELCHE FESTE GIBT ES?

Es gibt viele verschiedene Arten von Festen und Feiertagen – die Anlässe können erfreulich, aber auch traurig sein. Mit Initiationsfesten feiern wir beispielsweise den Übergang von einer Lebensphase in eine neue. Zu dieser Art von Fest gehören die Einschulung, das Erwachsenwerden, eine Hochzeit, aber auch die Bestattung der Toten.

Jahreszeitenfeste feiern den Wechsel der Jahreszeiten oder besondere Momente, die es nur zu einer bestimmten Zeit im Jahr gibt: zum Beispiel das japanische Kirschblütenfest im Frühjahr oder Erntedank im Herbst.

Einige Feste sind religiöse Feste. Sie sind Teil einer Glaubensgemeinschaft und für ihre Mitglieder sehr wichtig. Dazu gehören Pfingsten für die Christen oder der Geburtstag von Buddha für die Buddhisten.

Dann gibt es noch die Gedenktage, die an bestimmte Ereignisse erinnern sollen – sei es, um sich gemeinsam darüber zu freuen, oder auch um traurige Geschehnisse nicht zu vergessen und sie für die Zukunft zu vermeiden.

Manche Feste sind so beliebt, dass sie überall auf der Welt gefeiert werden: Weihnachten, Silvester oder die Fußballweltmeisterschaft.

Alle Feste und Gedenktage haben eine bestimmte Geschichte. Im Laufe der Zeit haben Menschen manchmal ihre Heimat verlassen und sind in ein anderes Land gezogen. Sie haben Feste und Rituale mitgenommen und an ihre neue Heimat angepasst. Feste verändern sich also, genau wie alles im Leben.

Seit es Menschen gibt, wird gefeiert. Die Geschichte der Feste ist also auch immer eine Geschichte der Menschen, die sie feiern. Nicht alle Feste der Welt können wir hier vorstellen. Aber vielleicht die spannendsten und faszinierendsten. Du wirst sehen: Feste sind toll und Gründe zu feiern gibt es überall auf der Welt!

DER HINDUISMUS

Der Hinduismus ist vermutlich die älteste der sogenannten fünf *Weltreligionen.* Diese Religion entstand vor mehr als 4000 Jahren in Indien. Das Besondere am Hinduismus ist, dass es sich dabei eigentlich nicht um eine einheitliche Religion handelt. Es gibt keinen Gründer und niemanden, der umherzieht und die Menschen vom Hinduismus überzeugen will.

Aber es gibt im Hinduismus unglaublich viele Götter und Göttinnen. Jeder Hindu – also jeder Mensch, der nach den Vorstellungen dieser Religion lebt – kann sich die Götter aussuchen, zu denen er sich am meisten hingezogen fühlt. Der eine verehrt vielleicht den Gott *Shiva* mit den vielen Armen, der andere mag den Gott Krishna mit der blauen Haut lieber oder den Affengott Hanuman.

Egal, welchen Gott oder welche Göttin ein Gläubiger verehrt, was alle Hindus miteinander verbindet, ist der Glaube an die Wiedergeburt. Hindus glauben daran, dass die Seele eines Menschen oder Tieres nach seinem Tod in einen neuen Körper hineingeboren wird. Auf diese Weise ist nur der Körper sterblich, die Seele oder der Geist aber kehrt immer wieder in die Welt zurück – nur eben in einer anderen Gestalt. Außerdem sind sich alle Hindus darin einig, wie sie leben und welche Regeln sie befolgen sollen. Es ist für die Gläubigen beispielsweise selbstverständlich, keine Kühe zu töten oder Rindfleisch zu essen.

Weltweit hat der Hinduismus fast eine Milliarde Anhänger. Die meisten davon leben in Indien. Die wichtigsten Feste im Hinduismus sind zum einen die Gedenk- und Geburtstage der verschiedenen Götter. Zum anderen werden das Frühlingsfest „Holi“ (siehe Seite 72), das Lichterfest „Diwali“ (siehe Seite 82), das Wintersonnenwendenfest *„Makarsankranti“*, das Wagenfest *„Rathayatra“* und das *Krugfest „Kumbh Mela“* besonders groß gefeiert.

GANESHA

Der Elefantengott Ganesha ist in Indien sehr beliebt, weil er mit seiner freundlichen Art angeblich alles Übel vertreibt. Er gilt außerdem als Gott der Klugheit. Sein Freund ist eine kleine Ratte, auf der er durch die Gegend reitet. Und dann hat Ganesha auch noch eine große Leidenschaft: Süßigkeiten. Warum er einen Elefantenkopf trägt, darüber gibt es viele Geschichten. Eine davon besagt, dass sein Vater *Shiva* ihm in einem Moment des Zorns den Kopf abgeschlagen hat. Als *Shiva* merkte, dass er seinen Sohn geköpft hatte, bereute er es zutiefst und besorgte ihm sofort einen neuen Kopf. Dafür köpfte er einfach das nächstbeste Tier – und das war zufällig ein Elefant.

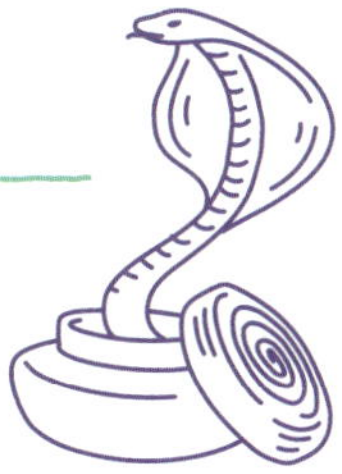

TESTE DEIN WISSEN!

Wie viele Götter gibt es im Hinduismus?

a) 30
b) 300
c) 3000
d) 330 Millionen

Richtige Antwort: d)

DAS JUDENTUM

Bevor sich vor fast 4000 Jahren das Judentum als Religion entwickelte, glaubten die Menschen an viele verschiedene Götter. Allerdings gab es einen, der da anderer Meinung war: Abraham. Abraham stammte aus dem Gebiet, in dem heute Iran und *Irak* liegen. In der überlieferten Geschichte hatte Abraham eine Abmachung mit seinem Gott. Demnach sollte er nur noch an ihn als einzigen Gott glauben, seine Gebote befolgen und allen anderen Menschen davon berichten. Als Belohnung versprach ihm Gott ein großes Land für sich und sein Volk. Dieses Land sollte „Kanaan" heißen und sich dort befinden, wo heute Palästina und Israel liegen. Im jüdischen Glauben stammen demnach alle Juden von Abraham ab.

Das Judentum ist die älteste monotheistische *Weltreligion*. Das Wort „monotheistisch" kommt aus dem Griechischen und bedeutet übersetzt, dass die Gläubigen nur an einen einzigen Gott glauben. „Monos" heißt nämlich allein und „theos" heißt Gott.

In der Geschichte des Judentums spielten das Auswandern und die Heimatlosigkeit immer wieder eine große Rolle. Es begann damit, dass sich Abraham mit seiner Familie auf die Reise in das Land „Kanaan" machte und seine bisherige Heimat verließ. Gott soll ihm sogar gesagt haben: „Zieh von hier weg!" Sehr viel später und immer wieder wurden Juden wegen ihrer Religion verfolgt, verschleppt und mussten in andere Länder fliehen, um dem Tod zu entkommen.

Als in Deutschland die Nationalsozialisten an der Macht waren (1933–1945), ließ ihr Anführer Adolf Hitler sechs Millionen Juden nur dafür umbringen, dass sie Juden waren. Diesen Hass auf Menschen mit jüdischem Glauben nennt man „Antisemitismus".

Heute bekennen sich weltweit 14 Millionen Menschen zum Judentum. Das wichtigste Buch im Judentum ist die hebräische Bibel. Ein Teil dieser Bibel ist die Thora, in der viel über die Geschichte der Religion zu lesen ist. Gläubige Juden lesen die Thora jedes Jahr einmal. Gottesdienste finden in einer sogenannten Synagoge statt. Zum Gebet und an religiösen Feiertagen tragen Männer eine Kippa.

Wie der Name schon sagt, ist die hebräische Bibel in Hebräisch geschrieben. Hebräisch ist eine sehr alte Sprache, die von links nach rechts geschrieben und gelesen wird und in den Gebieten gesprochen wurde, in denen heute Israel liegt. Heute sprechen die Menschen in Israel nicht mehr diese alte Sprache, sondern modernes Hebräisch, das sogenannte Ivrit. Die in Europa lebenden Juden verständigten sich auf Jiddisch. Das ist ebenfalls eine sehr alte Sprache, die sich aus verschiedenen Sprachen und Dialekten entwickelt hat, darunter auch Deutsch und Hebräisch.

Der wichtigste Feiertag für Juden ist der Schabbat, der Samstag, der aber schon am Freitagabend beginnt. An diesem Tag sollen sich die Menschen ausruhen, anstrengende Arbeiten vermeiden und sich auf die Religion besinnen. Aber es gibt natürlich noch eine Reihe anderer wichtiger jüdischer Feste: das Neujahrsfest *„Rosch Haschana“*, der Tag der Vergebung *„Jom Kippur“*, die Wallfahrtsfeste *„Pessach“*, *„Chawuot“* und *„Sukkot“* (siehe Seite 60) und das Lichterfest *„Chanukka“* (siehe Seite 88).

TESTE DEIN WISSEN!

Wie nennen Juden ihren Gott?

a) Wie es in der Thora steht: JHWH
b) Jahwe. Das ist hebräisch und heißt: „Ich werde sein, der ich sein werde!“
c) Eigentlich sprechen die Gläubigen seinen Namen aus Ehrfurcht nicht aus. Lieber sagen sie: „Der Ewige“.

Richtige Antwort: Alle drei Antworten sind richtig.

DAS CHRISTENTUM

Die christliche Religion ist aus der jüdischen Religion entstanden. Christen glauben, wie Juden auch, nur an einen einzigen Gott. Das Christentum ist also ebenfalls eine monotheistische Religion. Christen beten im Gegensatz zu den Juden aber nicht nur zu Gott, sondern auch zu Jesus. Für sie ist Jesus der Sohn Gottes, der am Kreuz gestorben und auferstanden ist und die Menschen damit von ihren Sünden erlöst hat. Jesus ist der *Messias* der Christen.

Vor 2000 Jahren wurde Jesus in *Nazareth* geboren. Er zog als junger Mann umher und erzählte den Menschen von der Bibel. Damals gab es aber nur die jüdische Bibel. Die Erzählungen darin ergänzte Jesus mit weiteren Geschichten vom Reich Gottes. Diese nannte man später das „Neue Testament“ und sie wurden zum zweiten Teil der heutigen Bibel. Der erste Teil, die ursprüngliche jüdische Bibel, ist für Christen das „Alte Testament“. Beide Testamente gehören inzwischen für die Christen zusammen und gelten gemeinsam als Heilige Schrift.

In der Bibel werden auch die Zehn Gebote aufgeführt, eine Liste von Regeln, die Jesus den Menschen mitgab. Sie sollten ihnen dabei helfen, friedlich miteinander zu leben. Die Regeln besagen nämlich, dass die Menschen nicht lügen, stehlen und töten sollen. Sie sollen sich gegenseitig helfen und respektieren. Jesus war für seine Anhänger jemand, der überall und immer Gutes vollbringen wollte. In der Vorstellung der Christen heilte Jesus auch Kranke und konnte sogar über einen See laufen, ohne dabei nass zu werden.

Wer heute Christ werden will, muss sich taufen lassen. Mit der *Taufe* wird ein Mensch offiziell in die Glaubensgemeinschaft der Christen aufgenommen. Die meisten Menschen werden schon als Babys getauft, weil ihre Eltern es so möchten.

Das Christentum ist weltweit die beliebteste Religion. Auf der ganzen Welt leben ungefähr zwei Milliarden Christen. Die wichtigsten christlichen Feste sind Weihnachten (siehe Seite 126), Karfreitag (siehe Seite 70), Ostern (siehe Seite 56), Fronleichnam, *Christi Himmelfahrt* und Pfingsten (siehe Seite 76).

Dass wir in Deutschland sonntags frei haben und nicht zur Schule gehen müssen, verdanken wir auch dem Christentum.

Denn so wichtig wie für die Juden der Schabbat ist, ist für die Christen der Sonntag. Das ist ein Tag, an dem sich die Gläubigen vom Alltag ausruhen und auf die Religion besinnen sollen. Das kommt daher, dass Gott in der Vorstellung der Christen die Welt in sechs Tagen erschaffen hat und sich am siebten Tag davon erholte – so ist der Sonntag bis heute ein besonderer Tag für alle Christen.

TESTE DEIN WISSEN!

Wie heißen die Freunde von Jesus, die seine Botschaften weitererzählten?

a) Die Jünger
b) Die Apostel
c) Die Engel

Richtige Antwort: a) und b). Die „zwölf Apostel" sind die Jünger von Jesus. Sie hießen Petrus, Andreas, Philippus, Bartholomäus, Matthäus, Jakobus, Thomas, Simon, Johannes, Thaddäus, Jakobus und Judas.

DER ISLAM

Der Islam ist eine der großen *Weltreligionen* und mit dem Christentum und dem Judentum verwandt. Wie das Christentum und das Judentum ist der Islam eine monotheistische Religion: Seine Mitglieder glauben nur an einen einzigen Gott. Und auch in den heiligen Schriften des Islams taucht der Name Abraham auf – auf Arabisch „Ibrāhīm". Er gilt im Islam ebenfalls als wichtige Person. Die Menschen verdanken ihm, dass sie nur an einen einzigen Gott glauben und nicht mehr wie früher an viele Götter.

Die Anhänger des Islams nennen sich Muslime, ihren Gott nennen sie „Allah". Das arabische Wort „Islam" bedeutet übersetzt Frieden. Wenn dich jemand auf Arabisch mit „Salam aleikum" begrüßt, sagt er: „Friede sei mit dir!".

Eine weitere wichtige Person für die Muslime ist der *Prophet* Mohammed. Er wurde ungefähr vor 1450 Jahren in der arabischen Stadt Mekka geboren, im Jahr 570. Mohammed arbeitete erst als Schafhirte und später als Karawanenführer. Einen Monat im Jahr allerdings verbrachte er der Erzählung nach immer ganz allein auf dem Berg Hira, um nachzudenken und zu beten. Dort besuchte ihn eines Tages der Engel Gabriel. Er forderte Mohammed auf, den Menschen mehr von Gott zu erzählen. Vor allem sollte er ihnen erklären, wie sie ein friedliches Leben führen können. Mohammed nahm diese Aufforderung ernst und begann in seiner Heimatstadt Mekka, von Allah zu erzählen. Doch die Menschen dort waren misstrauisch. Also ging Mohammed nach Medina, eine Stadt in Saudi-Arabien. Dort hatte er mehr Erfolg. Vielen Menschen gefielen seine Geschichten über Gott und sie übernahmen seine Ansichten. So entstand der Islam.

Als Mohammed im Jahr 632 starb, gab es keinen Nachfolger für ihn. Einige Menschen fanden, Abu Bakr solle Mohammeds Nachfolger werden. Andere fanden, Mohammeds Schwiegersohn Ali sei passender. Diese unterschiedlichen Auffassungen um Mohammeds Nachfolger halten bis heute an und teilen den Islam in zwei religiöse Gruppen: die Sunniten, die Abu Bakr als Nachfolger anerkennen, und die Schiiten, die Ali verehren.

Doch alles andere, was für den Islam wichtig ist, teilen sie: das Beten in der Moschee (dem Gotteshaus der Muslime), den Verzicht auf Schweinefleisch, die Regeln und Gebote ihrer Religion und den Glauben an einen einzigen Gott: Allah.

Die wichtigsten muslimischen Feste sind: der Geburtstag von Mohammed *Mevlid Kandili*, das *Opferfest*, der erste Tag im Monat *Muharram*, der Fastenmonat *Ramadan* und das anschließende Fastenbrechen Id al-Fitr (Seite 84) sowie für Sunniten der Aschura-Tag (Seite 78). Außerdem ist der Freitag ein wichtiger Tag, an dem das wöchentliche Gebet in der Moschee stattfindet.

MUSS JEDE MUSLIMA EIN KOPFTUCH TRAGEN?

Nein. Ob sie ihre Haare bedeckt, entscheidet jede Frau oder jedes Mädchen selbst. Manche Muslimas möchten mit dem Tragen eines Kopftuches ihren Respekt gegenüber Allah öffentlich zeigen. Manche denken aber auch, dass das Tragen eines Kopftuches kein Gebot des Islams ist, und verzichten deshalb darauf.

TESTE DEIN WISSEN!

In welchem Land leben die meisten Muslime?

a) Saudi-Arabien
b) Türkei
c) *Indonesien*

Richtige Antwort: c) In *Indonesien*

DER BUDDHISMUS

Alles begann vor mehr als 2500 Jahren in Indien. Der junge Prinz Siddhartha Gautama lebte in einem großen Palast. Dort hatte er alles, was er brauchte, und davon mehr als genug. Trotzdem war er irgendwie unzufrieden. Also beschloss er, raus in die Welt zu gehen. Zum ersten Mal in seinem Leben sah er kranke und sterbende Menschen. Er sah Menschen, die arm waren und Hunger litten. Das erschreckte den Prinzen so sehr, dass er von nun an sein eigenes, wohlhabendes Leben ändern wollte. Ein luxuriöses Leben machte ihm angesichts der Ungerechtigkeit auf der Welt keinen Spaß mehr. Ab jetzt würde er auf alles verzichten und als *Asket* leben. Die Menschen in Indien waren nämlich Hindus und Askese war eine Möglichkeit, sich unabhängig von irdischen Gütern in besonderer Weise auf die Religion zu besinnen.

Doch glücklich machte Siddhartha der neue Verzicht auch nicht. Was aber würde ihn glücklich machen? Und wieso ging es manchen Menschen so viel besser, als anderen? Er dachte viel über das Leben nach.

Eines Tages, als er unter einem Feigenbaum saß und meditierte, glaubte er die Lösung gefunden zu haben: Vielleicht fühlt sich das Leben oft so schmerzhaft an, weil alles vergänglich ist und irgendwann aufhören muss? Weil im Leben nichts für die Ewigkeit ist? Vielleicht auch, weil wir immer versuchen, das Glück festzuhalten?

In diesem Moment erkannte Siddhartha, dass wir Menschen erst dann glücklich werden können, wenn wir den Lauf der Dinge einfach so nehmen, wie er ist. Denn viele Sachen im Leben können wir sowieso nicht beeinflussen und werden nur traurig, wenn wir es zu sehr versuchen. Am besten müsste das gelingen, wenn wir versuchen, ganz im Augenblick zu leben und nicht immer mit unseren Gedanken in der Zukunft oder in der Vergangenheit zu sein.

Von dieser Erkenntnis berichtete Siddhartha Gautama den Menschen überall in Indien. Er bekam hierfür sehr viel Zuspruch. Und so verbreitete sich der Buddhismus auf der ganzen Welt. Siddhartha Gautama wurde nach seinem Tod der erste Buddha und gilt als der Gründer des Buddhismus.

WAS IST EIN BUDDHA?

Ein Buddha ist für die Buddhisten übrigens kein Gott, sondern jemand, der es geschafft hat, nicht mehr an Dingen und Wünschen und seinen Gedanken festzuhalten, und der die Vergänglichkeit des Lebens akzeptiert. Wer obendrein viel Gutes für andere Lebewesen tut, muss nicht mehr wiedergeboren werden und kann Frieden und Ruhe im Nirwana finden. Das ist ein Zustand ohne Wünsche und Verzweiflung. „Buddha" ist also eine Art Auszeichnung, die jeder von uns erreichen kann.

Weltweit gibt es heute 350 Millionen Menschen, die Buddhismus praktizieren. Die meisten von ihnen leben in Asien. Aber auch in Amerika, in Europa und in Australien gibt es Buddhisten. Der Dalai Lama ist das Oberhaupt der Buddhisten. Er berät sie in allen religiösen Fragen. Aktuell lebt der XIV. Dalai Lama.

TESTE DEIN WISSEN!

Warum tragen buddhistische Mönche eine Glatze?

a) Um im Kloster keine Läuse zu bekommen
b) Wer auf Haare verzichtet, zeigt damit, dass ihm äußerliche Schönheit egal ist.
c) Ohne Haare schwitzt man in der Hitze nicht so viel.

Richtige Antwort: b)

WELCHE RELIGIONEN GIBT ES NOCH?

Es gibt natürlich noch viel mehr Religionen als die fünf großen *Weltreligionen.* Denn alle Menschen machen sich Gedanken über das Leben. Jeder will wissen, warum wir hier auf der Erde sind und ob das eigene Leben und das der anderen einen Sinn hat. Wir alle fragen uns: Wer bin ich? Woher komme ich? Und was passiert nach dem Tod? Diese Fragen stellten sich schon die alten Ägypter und Kelten, genauso wie es die Hindus, die Juden und die Christen taten und du selbst es vielleicht auch tust. Seit es Menschen gibt, gibt es Religionen.

Aber was ist das überhaupt genau, eine Religion? Das ist manchmal nicht so einfach zu beantworten. Religion oder Spiritualität ist zunächst einmal der Glaube an übernatürliche, also nicht menschliche Kräfte. Wenn wir an etwas Übernatürliches wie einen Gott glauben, beeinflusst das unser Handeln, unser Fühlen und unser Denken. Es hat auch Auswirkungen auf das, was wir für wertvoll im Leben halten.

Dabei ist es völlig gleich, welcher Religion wir angehören. Entscheiden dürfen wir selbst, was wir glauben oder nicht glauben. Und wer an nichts Übernatürliches glaubt, der hat doch zumindest eine Vorstellung davon, was richtig oder falsch ist und nach welchen Regeln die Menschen miteinander leben sollen.

SCHAMANEN

Hast du schon mal das Wort „Schamanismus“ gehört? Religionen, in denen ein Schamane eine Rolle spielt, gibt es vor allem in Sibirien. Ein Schamane ist ein Heiler, ein Priester und ein Vermittler zwischen der Welt der Menschen und der Welt der Geister. Durch Musik und Gebete kann ein Schamane in eine Art Trance fallen und Kontakt zu den Geistern aufnehmen, um diese um Hilfe zu bitten.

TRAUMZEIT

In der Vorstellung der australischen Aboriginals gab es eine magische Zeit, in der alle möglichen Wesen auf der Erde lebten: beispielsweise die Regenbogenschlange oder die kleinen Mimi-Geister. Die Aboriginals nennen diese Zeit „Traumzeit“. Die Wesen, die damals auf der Erde lebten, waren die Traumzeitwesen. Die Erde war noch ziemlich unaufgeräumt, alles lag herum: die Sterne, der Mond, die Erdmasse. Damit die Menschen überhaupt auf der Erde leben konnten, räumten die Wesen auf. Sie formten Berge und Täler, hängten Mond und Sterne an den Himmel und krochen anschließend zurück in die Felsspalten, aus denen sie einst gekommen waren. Für die Aboriginals sind die Traumzeitwesen ihre Vorfahren, mit denen sie sich auch heute stets verbunden fühlen.

AGNOSTIKER

Für Agnostiker ist die Frage nach Religion und Glaube an Übernatürliches noch ziemlich ungeklärt. Wenn du sie fragst, ob sie an einen Gott glauben, antworten sie: „Ich weiß es nicht!“

ATHEISTEN

Atheisten glauben an nichts: weder an Gott noch an ein Leben nach dem Tod. Das bedeutet aber nicht, dass ihnen alles egal ist. Auch als Atheist hat ein Mensch eine Vorstellung davon, was richtig und falsch ist und was Glück bedeutet. Seine Regeln und Rituale sind eben nur nicht an den Glauben an einen Gott gebunden.

INITIATIONS-FESTE

WILLKOMMEN, BABY!

Wird ein Baby geboren, ist das immer ein Anlass zu feiern. Mit seiner Geburt beginnt sein Leben als eigenständiger Mensch. Überall auf der Welt gibt es verschiedene Rituale, den kleinen Menschen willkommen zu heißen und ihm ein möglichst glückliches und gesundes Leben zu wünschen. Dabei geht es vor allem darum, das neue Baby als Teil einer Familie und Gemeinschaft zu begrüßen. Aber auch die Eltern haben jetzt eine neue Aufgabe: Sie müssen sich bedingungslos um ihr Kind kümmern. Auch das wird gefeiert.

Um den Nachbarn und Freunden von der Geburt eines Babys zu berichten, ist es in vielen Gegenden verbreitet, vor seinem Haus ein Zeichen zu hinterlassen: Das kann ein hölzerner Klapperstorch oder eine Wäscheleine mit Babykleidung im Garten sein. Üblich ist es auch, Karten mit der freudigen Nachricht zu verschicken. Im Gegenzug schicken Freunde und Nachbarn den Eltern einen Glückwunsch zurück, manchmal auch zusammen mit einem kleinen Geschenk für das Baby: einem Spielzeug, etwas zum Anziehen oder Geld.

DER KLAPPERSTORCH

In Europa ist die Vorstellung sehr verbreitet, dass der Storch die Babys bringt, die er zuvor in Sümpfen gefunden hat. Aber auch in Südamerika und auf den Philippinen glauben manche Menschen an den Klapperstorch und legen für ihn Süßigkeiten auf die Fensterbank. Ob der Storch den Wunsch nach einem Kind dann erfüllt? Wer weiß!

Sehr verbreitet ist es, einen Baum für das Baby zu pflanzen: einen Apfelbaum für die Jungen und einen Birnbaum für die Mädchen. So war es zumindest früher, heute spielt die Baumsorte keine Rolle mehr. Die ersten Früchte gibt es dann, wenn das Kind in die Schule kommt, also ungefähr nach sechs Jahren. Wer die Plazenta gleich mit vergräbt, der kann auf einen besonders schönen und kräftigen Baum hoffen, da die Plazenta ein guter Dünger für Pflanzen sein soll. Das Vergraben der Plazenta anlässlich einer Geburt ist in vielen Teilen der Welt sehr beliebt.

DIE PLAZENTA

Im Bauch der Mutter ist jedes Baby über die Nabelschnur mit der Plazenta verbunden und darüber mit der Mutter. So bekommt es Sauerstoff und Nahrung. Das Baby kann im Bauch ja nicht atmen, essen oder trinken. Der Begriff „Plazenta“ ist lateinisch und bedeutet Kuchen. Daher wird die Plazenta auch „Mutterkuchen“ genannt.

ZWIEBACK MIT ZUCKERSTREUSEL: BESCHUIT MUISJES

„Muisjes“ ist Niederländisch und heißt Mäuschen. Muisjes heißen aber auch die bunten Zuckerstreusel auf dem Zwieback, die es in Holland zur Geburt gibt. Die Streusel erinnern an kleine Mäusezähne. Ist das Neugeborene ein Junge, gibt es Zwieback mit blauen Streuseln. Rosa sind die Zuckerstreusel, wenn ein Mädchen geboren wird – etwas altmodisch, oder?

NGOTONIN

Auf der Insel Bali ist das Leben für Kinder das reinste Paradies. Die Erwachsenen verwöhnen sie, schimpfen nie mit ihnen, verbieten nichts und verehren sie wie kleine Götter. Warum das so ist? Dafür gibt es eine einfache Antwort: Die meisten Bewohner Balis glauben, dass jeder Mensch nach seinem Tod wiedergeboren wird und als Baby zurück zu seiner früheren Familie auf die Welt kommt. In den Kindern sehen sie also ihre verstorbenen Verwandten, auf die man ganz besonders gut aufpassen muss.

Wird ein Baby geboren, gilt es auf Bali noch nicht vollständig als Mensch. Es gehört noch mehr zur Welt der Götter als zur irdischen Welt. Die Erwachsenen lassen das Baby aus diesem Grund nicht den Erdboden berühren, denn der gilt als zu unrein für jemanden, der noch so klein und der Götterwelt so nah ist. Sie setzen das Baby also nicht einfach auf den Boden oder legen es dort auf einer Decke ab. Stattdessen wird es von seiner Mutter rund um die Uhr in einem Tuch getragen.

Nach 105 Tagen, also nach etwa dreieinhalb Monaten, gibt es eine kleine Feier mit vielen Glückwünschen. Jetzt können die Eltern das Baby auch mal vorsichtig auf den Boden legen: Es ist jetzt ein kleiner Mensch.

Als richtig großes Fest gilt der erste Geburtstag des Kindes. „Ngotonin“ heißt dieser besondere Tag. Da dieser auf Bali nach dem balinesischen Kalender gefeiert wird, ist das Kind an seinem ersten Geburtstag 210 Tage alt. Auch die Götter feiern Ngotonin mit und werden mit köstlichen Opfergaben aus Blüten, Früchten und Reis bei Laune gehalten. Das Wichtigste an diesem Tag aber ist der erste Haarschnitt für das Baby. Die abgeschnittenen Haare werden vergraben.

Und jetzt bekommt das Baby auch endlich einen Namen! Über einen Namen für ihr Kind müssen balinesische Eltern allerdings nicht lange nachdenken. Denn auf Bali sind alle Namen schon festgelegt: Das erste Kind einer Familie heißt immer „Wayan“. Das bedeutet: „der Älteste“. Das nächste Kind wird „Made“ genannt. Übersetzt heißt das: „Mitte“. Danach kommt der oder die Jüngste: „Nyoman“. Drei Kinder gelten auf Bali als ideal für eine Familie. Kommt dann doch noch ein viertes Kind, nennen es die Eltern „Ketut“, was so viel wie „Nachzügler“ bedeutet. Und wenn noch ein fünftes Kind geboren wird? Dann beginnt die Namensreihe wieder von vorne. Das fünfte Kind bekommt also denselben Namen wie das erstgeborene und heißt übersetzt „Älteste“, obwohl es eigentlich das jüngste ist! Zusätzlich wird jeder Name noch mit einem „Ni“ für die Mädchen und einem „I“ für die Jungen ausgestattet. Somit verrät der Name doch schon sehr viel über jemanden – zumindest auf Bali.

DER BALINESISCHE KALENDER

Auf Bali gibt es drei verschiedene Kalender. Das Jahr des balinesischen Pawukon-Kalenders ist 210 Tage lang. Nach diesem Kalender richten sich die meisten Feste auf Bali. Daneben gibt es noch den indischen *Mondkalender* und den *gregorianischen Kalender* mit 365 Tagen, nach dem auch wir in Europa unser Jahr berechnen.

DIE EINSCHULUNG

Auf diesen Tag freuen sich alle Kinder: auf den Tag der Einschulung. Die meisten Kinder sind ungefähr sechs Jahre alt, wenn sie in die Schule kommen. Die Erwachsenen sagen: „Jetzt beginnt der Ernst des Lebens!"

Doch am Tag der Einschulung ist alles noch gar nicht so ernst. Da gibt es morgens erst mal eine große Schultüte, gefüllt mit Süßigkeiten und kleinen Spielsachen. Dieser Brauch ist übrigens nur in Deutschland und Österreich verbreitet. Willst du wissen, wie es dazu kam? Was meinst du, wer hat die Schultüte erfunden? Das waren die Leipziger. Die erzählten vor zweihundert Jahren den Kindern, dass bei den Lehrern zu Hause riesige Bäume mit Zuckertüten wachsen würden. Schultüten heißen in dieser Gegend nämlich „Zuckertüten" und der Baum, an dem sie wachsen, das ist der Zuckertütenbaum. Die Erwachsenen behaupteten, wenn die Zuckertüten groß genug wären, dann sei es Zeit für die Einschulung.

Heute sind Schultüten oft bunt beklebt, manche sind sogar selbst gebastelt. Auf einigen sind Fußbälle, Einhörner, Elfen und Ponys abgebildet. Die Öffnung der Schultüte ist mit etwas Filz oder Tüll ausgekleidet. Auf diese Weise lässt sie sich mit einer Kordel oder Schleife verschließen. Reingucken ist erst erlaubt, wenn das Schulkind nach seinem ersten Tag in der Schule wieder zu Hause ist. Früher überreichten Patenonkel und Patentante dem Kind die Schultüte, heute machen es die Eltern selbst. In manchen Schulen geben die Eltern die Schultüten auch einen Tag vor der Einschulungsfeier ab, damit die Klassenlehrer sie den Kindern überreichen können.

I-MÄNNCHEN ODER I-DÖTZCHEN

Für Schulanfänger gibt es eine Reihe von Spitznamen: „Erstklässler", „ABC-Schützen" oder „I-Dötzchen" und „I-Männchen". Woher kommen diese lustigen Bezeichnungen? „Dotz" oder „Dötzken" sagt man im Rheinland zu einem Kind. Eigentlich heißt „Dotz" nichts anderes als „Punkt" und mit „I-Dotz" ist der I-Punkt gemeint. In Nordrhein-Westfalen sagt man eher „I-Männchen", in Österreich heißen die Schulanfänger „ABC-Schützen". Wie heißen die Schulanfänger in deiner Gegend?

Die Einschulung selbst findet an einem Samstag statt, damit auch viele Verwandte mitfeiern können. Die meisten Erwachsenen müssen ja unter der Woche zur Arbeit und hätten dann keine Zeit, mit in die Schule zu gehen. Die Erstklässler werden von ihren neuen Lehrern begrüßt und dann gucken sie sich ihren Klassenraum an. Manchmal führen ältere Schüler auch ein Lied oder ein kleines Theaterstück auf. Damit zeigen sie den neuen Kindern, dass man in der Schule eine Menge Dinge lernt, die viel Spaß machen. Hausaufgaben gibt es heute noch nicht auf. Das finden die meisten Erstklässler richtig schade.

Fast jeder Erwachsene hat noch ein Foto von sich und seiner Einschulung: auf dem Rücken der Ranzen, im Arm die Schultüte und im Hintergrund vielleicht noch eine Tafel, auf der „Mein erster Schultag“ steht. Gibt es auch schon ein Einschulungsfoto von dir?

TESTE DEIN WISSEN!

Rund oder eckig? Welche Form hat die Schultüte?

a) Sechseckig
b) Rund
c) Fünfeckig

Richtige Antwort: a) und b). In Ostdeutschland ist die sechseckige Schultüte verbreitet, in Westdeutschland hat sie traditionell eher eine runde Form.

SHICHI-GO-SAN

Jedes Jahr am 15. November gibt es in Japan ein besonderes Fest für Kinder. Aber nicht für alle Kinder: Das Fest ist nur für Jungen, die entweder drei oder fünf Jahre alt sind und für Mädchen, die drei oder sieben Jahre alt sind. Deswegen heißt das Fest auch: „Sieben, fünf, drei“ – auf Japanisch „Shichi-go-san“. In Japan gilt nämlich, dass wer dieses Alter erreicht hat, einen Kimono oder eine Haori-Jacke mit einer Hakama-Hose anziehen darf. Fein herausgeputzt geht es dann zum ersten Mal mit der Familie zum *Schrein*. Dort betet die Familie für die Gesundheit der Kinder und bedankt sich dafür bei den Göttern.

Sicher fragst du dich, warum dieses Fest nur für Drei-, Fünf- und Siebenjährige gefeiert wird? Die Tradition stammt aus sehr alter Zeit. Zuerst mal war der dritte Geburtstag eines Kindes früher etwas Besonderes. Wie überall auf der Welt gab es vor vielen Hundert Jahren in Japan eine hohe Säuglingssterblichkeit. Viele Babys starben schon sehr früh, weil sie nicht so gut versorgt werden konnten wie heute. Kinder, die drei Jahre alt wurden, hatten die gefährliche Säuglingszeit überstanden und würden sicher noch sehr viel älter werden!

FESTTAGSKLEIDUNG

Ein Kimono ist ein traditionelles japanisches Kleidungsstück. Der Kimono sieht aus wie eine Jacke, die mit einem breiten Gürtel zugebunden wird. Man trägt ihn zu besonderen Anlässen. Übrigens: „Kimono“ heißt übersetzt nichts anderes als Kleidungsstück. Sieht aus wie ein Kimono, ist aber etwas kürzer: die Haori-Jacke. Dazu tragen die Jungen in Japan eine Hakama-Hose. Das ist eine weite Pluderhose, die du wie einen Rock geschickt um deine Hüfte wickeln und verknoten musst.

Auch das Vollenden des fünften Lebensjahres war in Japan früher ein feierlicher Anlass: Jungen durften mit fünf Jahren das erste Mal die traditionelle japanische Kleidung anziehen und galten damit offiziell nicht mehr als Kind. Mit fünf Jahren! Das ist sehr früh, oder? Die Mädchen bekamen mit sieben Jahren einen Gürtel geschenkt, mit dem sie ihren Kimono zusammenbinden konnten. Davor benutzten sie hierfür eine Kordel. Auch sie galten jetzt nicht mehr als Kinder.

Heute gelten auch in Japan Menschen erst mit 18 Jahren als Erwachsene. Aber Shichi-go-san, also den Übergang vom Kleinkindalter in das Kindesalter, feiern alle Familien immer noch gerne.

Nach dem Besuch im *Schrein* folgt übrigens ein großes Fotoshooting. Die Kinder haben sich ja für diesen Tag besonders hübsch gemacht. Wer will da nicht ein Foto als Erinnerung haben? Bevor dann alle erschöpft ins Bett fallen, gibt es noch ein gemeinsames Festessen mit der Familie.

TAUSEND-JAHR-BONBON

Zur Feier des Tages gibt es rot-weiße Zuckerstangen für die Kinder. Die Süßigkeiten haben einen besonderen Namen: „Chitose-Ame". Übersetzt heißt das: Tausend-Jahr-Bonbon, denn sie sollen den Kindern Glück und ein sehr langes Leben bringen. Ob man wirklich tausend Jahre alt wird, wenn man von diesen Zuckerstangen kostet?

KOMMUNION & FIRMUNG

Wenn katholische Kinder acht oder neun Jahre alt werden, ist es Zeit für die Erstkommunion. Ein Kind vor seiner Kommunion heißt Kommunikant. Vor dem Fest gehen die Kommunikanten ein halbes Jahr lang zum Kommunionsunterricht. Hier lesen sie zusammen die Bibel und sprechen über ihre Religion.

Am Tag der Erstkommunion selbst bestätigen die Kinder in der Kirche, vor dem *Pfarrer* und vielen Verwandten und Freunden, dass sie an Gott glauben. Der Höhepunkt der Feier ist die allererste Teilnahme am Abendmahl.

DAS ABENDMAHL

Während der Kommunionsfeier bekommen die Kommunikanten das erste Mal die Hostie vom *Pfarrer* gereicht, die sie dann essen dürfen. Die Hostie ist eine Oblate, die den Leib Jesu symbolisieren soll. Jeder katholische Gottesdienst beinhaltet dieses Ritual: Die Gläubigen kommen nach vorne zum Altar und erhalten die Hostie. Damit erinnern sie sich an das letzte Abendmahl, das Jesus vor seinem Tod mit seinen Anhängern gefeiert hat.

Einige Jahre nach der Kommunion feiern katholische Kinder ihre Firmung. Sie sind dann ungefähr fünfzehn Jahre alt, also schon fast erwachsen. Mit der Firmung versichern sie noch einmal ganz bewusst, dass sie es wirklich ernst meinen mit dem christlichen Glauben. Die wichtigste Zeremonie in der Kirche ist hier das Handauflegen auf den Kopf des Firmlings. Zudem wird seine Stirn mit Öl eingerieben. Die Jugendlichen sollen so die Kraft des Heiligen Geistes spüren.

KONFIRMATION

Viele evangelische Christen taufen ihre Kinder schon als Babys, damit sie durch die *Taufe* zur Religionsgemeinschaft gehören. So haben die meisten Christen ihre Religionszugehörigkeit nicht selbst entschieden, sondern wachsen erst mal im selben Glauben auf wie ihre Eltern. Mit vierzehn Jahren gelten die Christen dann als religionsmündig. Das bedeutet, dass sie für alt genug befunden werden, um selbst zu entscheiden, welche Religion für sie die richtige ist. Mit der Feier der Konfirmation haben die Jugendlichen die Möglichkeit, in der Kirche und vor ihrer Gemeinde selbst „Ja“ zur christlichen Religion zu sagen.

Die Konfirmationsfeier findet während eines Konfirmationsgottesdienstes in der Kirche statt. Ein wichtiger Akt dabei ist auch hier das Handauflegen des *Pfarrers* auf die Jugendlichen. Damit segnet er die Konfirmanden und sie dürfen ab jetzt am Abendmahl teilnehmen. Außerdem können sie nun auch Paten für ein Baby werden, das getauft wird. Anschließend feiern die Konfirmanden mit ihrer Familie in einem Restaurant oder zu Hause. Geschenke für die Jugendlichen sind häufig Geld, Bücher oder Gegenstände, die sie lange begleiten sollen, wie eine Armbanduhr oder Schmuck.

WAS ZIEHE ICH AN?

Für die meisten Jugendlichen ist die eigene Konfirmation die erste Gelegenheit im Leben, sich festlich zu kleiden: mit einem dunklen Anzug und Krawatte oder mit einem schlichten schwarzen oder weißen Kleid. Geht auch Pink, Rot oder Grün? Eher nicht!

DIE JUGENDFEIER

Jedes Kind wird irgendwann erwachsen und das feiern Menschen fast überall auf der Welt. Für den wichtigen Eintritt in eine neue Lebensphase gibt es sogar einen Namen: „Rites de passage". Das ist Französisch und bedeutet soviel wie „Übergangsritual". Auch in Deutschland gibt es ein Fest, mit dem der Zeitpunkt des Erwachsenwerdens festgelegt wird: die Jugendfeier oder Jugendweihe.

Mit vierzehn Jahren die Jugendweihe zu feiern ist eine Tradition aus Ostdeutschland. In der früheren Deutschen Demokratischen Republik (DDR) hatten viele Menschen keine Religionszugehörigkeit. Die Kinder dort feierten weder Konfirmation noch Kommunion, wie es die Christen im anderen Teil von Deutschland taten. Stattdessen wurde die Jugendweihe gefeiert, ein Fest für das Erwachsenwerden ohne religiösen Hintergrund. Dieser Brauch hat sich bis heute gehalten und richtet sich an alle, die nicht religiös leben. Allerdings spricht man heute eher von einer Jugendfeier. Diese wird von einer großen Jugendweihe-Organisation ausgerichtet. Viele Hundert Kinder nehmen gleichzeitig daran teil. Oft gehen ganze Schulklassen zusammen zur Jugendfeier.

Vorbereitend auf das Fest können Jugendliche zwölf Monate lang zu Kursen gehen, in denen sie Einblicke in das Leben als Erwachsene bekommen. Dort lernen sie beispielsweise, wie sie sich in vornehmer Gesellschaft richtig benehmen, wie sie sich kleiden und schminken und wie sie möglichst höflich zu anderen Menschen sind.

Auch ein Tanzkurs ist Teil dieser Vorbereitungszeit. Manche Kurse sind ein bisschen wie Schule. Die Jugendlichen sollen nämlich auch mehr von der Welt verstehen.

Am Tag der Jugendweihe machen sich die Jugendlichen besonders schön und ziehen ein langes Kleid oder einen Anzug an. Zusammen mit vielen anderen Jugendlichen gehen sie auf eine große Bühne, das kann in einem Konzertsaal oder einem Theater sein. Ihr Name wird von dem Moderator der Veranstaltung aufgerufen und sie erhalten eine Urkunde und eine Rose. Nun gelten sie offiziell als erwachsen und feiern mit ihren Familien in einem Restaurant oder zu Hause. Viele Jugendliche trinken an diesem Tag das erste Mal in ihrem Leben ein Glas Sekt. Von den Verwandten gibt es Geschenke: Geld, Bücher, vielleicht eine Armbanduhr. Spielzeug bekommen die Jugendlichen eher nicht geschenkt. Sie sind ja jetzt erwachsen!

DIE DEUTSCHE DEMOKRATISCHE REPUBLIK (DDR)

Die Deutsche Demokratische Republik wurde im Jahr 1949 im östlichen Teil von Deutschland gegründet. Die DDR wurde nur von einer Partei regiert, die das Leben der Menschen sehr streng kontrollierte. Sie verbot den Bewohnern der DDR zum Beispiel, das Land zu verlassen und ihre Meinung öffentlich zu sagen. Es gab auch sehr viel weniger Dinge zu kaufen als im Rest von Deutschland. All diese Dinge störten die Menschen in der DDR sehr. Sie protestierten für ein Leben in Freiheit und gegen die Regierung, auch wenn das eigentlich verboten war und sie dafür ins Gefängnis kommen konnten. Ihr Protest führte letztlich dazu, dass die Grenze zwischen Ost- und Westdeutschland im Jahr 1989 geöffnet und die DDR 1990 abgeschafft wurde.

BAR-MIZWA & BAT-MIZWA

Ein besonderes Ereignis im Leben jüdischer Jugendlicher ist „Bar-Mizwa" beziehungsweise „Bat-Mizwa". Das ist der Tag, an dem sie sich offiziell zu ihrer Religion bekennen.

Jungen werden mit dreizehn Jahren mit dem Fest der Bar-Mizwa zum vollwertigen Mitglied ihrer Glaubensgemeinschaft. Aber nicht nur dieser besondere Tag heißt Bar-Mizwa – auch der Junge selbst wird an diesem Tag ein Bar-Mizwa. Der Begriff ist Hebräisch und heißt übersetzt Sohn der Mizwa. Das Wort „Mizwa" wiederum bezeichnet die religiösen Gesetze des Judentums, in der Mehrzahl heißen sie „Mizwot". Der Junge ist nun also ein „Sohn der religiösen Gesetze". Ab jetzt darf er bestimmte Aufgaben in der Synagoge übernehmen: Zum Beispiel kann er zur sogenannten „Minjan" gehören. Das ist eine Gruppe von zehn Männern, die den Gottesdienst durchführt.

MINJAN

Mit „Minjan" sind die zehn Männer gemeint, die in der Synagoge beten, aus der Thora vorlesen und den Gottesdienst durchführen. Zehn Männer sind nämlich nötig, damit der jüdische Gottesdienst überhaupt stattfinden darf.

Ein ganzes Jahr lang bereitet sich der Jugendliche auf den Tag seiner Bar-Mizwa vor. Ist der Tag gekommen, zeigt er seiner religiösen Gemeinschaft, dass er sich ausführlich mit seiner Religion beschäftigt hat. Dazu gehört, dass er in der Synagoge laut aus dem Gebetsbuch, der Thora, vorliest. Das ist gar nicht so einfach, da die Thora auf Hebräisch geschrieben ist. Zur Vorbereitung hat er also auch Hebräisch gelernt! Das richtige Anlegen des Tefillin, der Gebetsriemen, wurde ebenfalls lange geübt: Die meisten Jungen brauchen viele Wochen, bis es endlich klappt.

Dass ein jüdischer Junge diese Dinge jetzt beherrscht, wird nicht nur im Gottesdienst in der Synagoge, sondern auch danach mit einem großen Familienfest gefeiert.

Mädchen werden schon mit zwölf Jahren eine Bat-Mizwa, also eine Tochter der Mizwot. Früher feierten jüdische Mädchen dieses Fest nur zu Hause. Doch in modernen Synagogen dürfen inzwischen auch Mädchen aus der Thora lesen und feiern ihr aufregendes Fest genauso, wie die Jungen es tun.

TEFILLIN

Die „Tefillin“ sind ein Paar schwarzer Gebetsriemen, an deren Ende sich eine kleine schwarze Kapsel befindet. Darin sind kleine Schriftrollen versteckt. Auf diesen Schriftrollen stehen Sätze aus der Thora. Die Riemen werden zum Beten geschickt um Arm und Kopf gewickelt. Dieser Vorgang ist für einen gläubigen Juden Teil des täglichen Gebetes.

Das Anlegen der Tefillin will übrigens geübt sein: Es gibt eine Tefillin für Hand und Arm und eine für den Kopf. Der Lederriemen der Hand-Tefillin wird siebenmal um den schwächeren Arm gewickelt – bei Rechtshändern ist das der linke, bei Linkshändern der rechte Arm. Die Kopf-Tefillin wird so angelegt, dass die kleine Gebetskapsel genau auf der Stirn liegt. Die Lederriemen werden am Hinterkopf zusammengeknotet und über die Schultern baumeln gelassen.

DAS AMEISENFEST

Um bei den Sateré-Mawé in die Welt der Erwachsenen aufgenommen zu werden, unterziehen sich alle Jungen ab einem Alter von zehn Jahren einer sehr schmerzhaften Prozedur: Sie stecken ihre Hände für zehn bis dreißig Minuten in ein Handschuh-ähnliches Geflecht, in dem stechende Riesenameisen herumkrabbeln. Dieses Fest wird „Die Hand in den Handschuh stecken" oder auch „Ameisenfest" genannt. Zur Vorbereitung auf dieses Fest werden zuerst die Handschuhe, die sogenannten „Luvas", kunstvoll geflochten. Ihre Form erinnert uns an übergroße Fäustlinge. Anschließend werden die Handschuhe mit schwarzer Farbe der Jenipapo-Frucht bemalt und mit bunten Vogelfedern geschmückt. Bis zum Fest werden sie auf hölzerne Armaturen gesteckt und warten dort auf die Jungen.

DIE JENIPAPO-FRUCHT

Die runzelige Frucht sieht eigentlich aus wie eine Feige. Sie wächst an einem sehr hohen Baum im tropischen Regenwald. Du kannst die Frucht roh essen oder Marmelade daraus kochen. Toll ist ihre dunkelblaue, fast schwarze Farbe. Die kannst du zum Färben von Dingen benutzen, so wie die Sateré-Mawé es mit den Handschuhen für ihr Ameisenfest machen.

Nun müssen die Gäste eingeladen werden! Das geschieht mithilfe einer Melodie, die die Jungen auf kleinen Flöten spielen. Wer den Klang der Flöten hört, darf sich eingeladen fühlen.

Doch das wirklich Besondere an diesem Fest ist der Inhalt der Handschuhe: 200 Ameisen. Dabei handelt es sich nicht um irgendwelche Ameisen, sondern um die größte Ameisensorte der Welt: die „Vierundzwanzig-Stunden-Ameise".

Die riesigen Ameisen wurden betäubt und so in die Handschuhe eingewebt. Wenn dann ein Junge seine Hand in einen „Luva" steckt, wachen die Ameisen plötzlich auf. Vor lauter Schreck stechen sie alle auf einmal zu. Ganz bestimmt möchten die Jungen vor Schmerz am liebsten losschreien. Doch Fehlanzeige! Schmerzensschreie sind verboten. Schließlich geht es bei diesem Fest darum, dass die Jungen ihre Reife unter Beweis stellen und all ihren Gästen zeigen wollen, dass sie nun keine Kinder mehr sind. Deswegen sollen sie gemeinsam mit ihren Gästen tanzen und sich dafür feiern lassen, dass sie nun erwachsen sind. Wenn die Jungen das Fest tapfer überstehen, verdienen sie anschließend richtig viel Respekt!

VIERUNDZWANZIG-STUNDEN-AMEISE

Die Vierundzwanzig-Stunden-Ameise hat goldfarbene Vorderbeine, einen behaarten Körper und ist einen Zentimeter lang – Wissenschaftler nennen sie „Praponera clavata“. Bekannt ist die tropische Riesenameise vor allem, weil ihr Stich der schmerzhafteste Insektenstich auf der Welt sein soll. Und der hält vierundzwanzig Stunden an. Daher heißt sie auch Vierundzwanzig-Stunden-Ameise.

SATÉRÉ-MAWÉ

Fast 12000 Sateré-Mawé leben im tropischen Regenwald Brasiliens. Da sie in der unmittelbaren Nähe zum Amazonasstrom wohnen, leben sie vor allem vom Fischfang, aber auch von der Jagd.

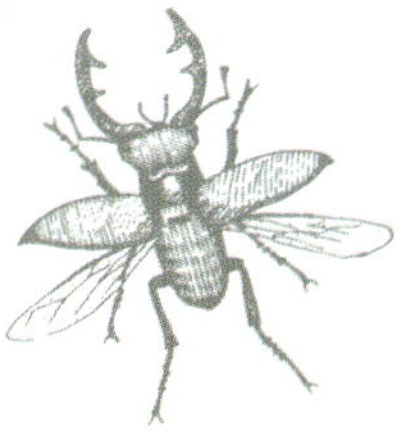

TESTE DEIN WISSEN!

Weißt du, was der Name Sateré-Mawé bedeutet?

a) Vierundzwanzig-Stunden-Ameise
b) Feuerraupe und neugieriger Papagei
c) Menschen des Regenwaldes

Richtige Antwort: b) Feuerraupe und neugieriger Papagei

EIN FEST DER DOWAYOS

Im Norden von Kamerun leben die Dowayos. Mit einem großen Fest feiert jede Dorfgemeinschaft die Beschneidung der Jungen, wenn sie etwa zehn Jahre oder älter sind. Für dieses Fest gibt es bestimmte Rituale, die sich über viele Monate hinziehen. Alles beginnt damit, dass die Dorfgemeinschaft die Jungen, die beschnitten werden sollen, aus ihrem Dorf vertreibt. Von nun an sollen sie als kleine Gruppe gemeinsam im Wald schlafen und sich alleine durchschlagen!

Für die eigentliche Beschneidung wird auf einen gewaltigen Regenschauer gewartet. Die Männer des Dorfes verkleiden sich als Leoparden und schleichen sich in den Wald. Mit gruseligen lauten Leopardengeräuschen erschrecken sie die Jungen. Dann folgt die Beschneidung im Wald. Das übernehmen die Männer in Leopardenverkleidung. Eine Beschneidung ist sehr schmerzhaft und meist blutig, schreien sollen die Jungen dabei aber nicht.

Anschließend leben die Jungen für weitere neun Monate allein im Wald. Das gemeinsame Leben in der Wildnis ist etwas sehr Besonderes für sie. Wenn die Jungen vorher keine Freunde waren, so sind sie es jetzt auf jeden Fall. Alle aus der Gruppe werden ihr ganzes Leben lang eine besondere Verbindung zueinander spüren, denn sie haben sehr viel zusammen erlebt. Auch haben sie gemeinsam Schmerzen ausgehalten und waren auf gegenseitige Hilfe angewiesen.

Wenn die neun Monate vorüber sind, kehren die Jungen ins Dorf zurück: Jetzt endlich dürfen sie sich den anderen Bewohnern wieder zeigen. Und nun endlich ist es Zeit für das große Fest! Extrem wichtig dafür ist das selbst gemachte Hirsebier der Dowayos. Es kann passieren, dass die Hirseernte nicht so ertragreich ist und in einem Jahr kein Bier gebraut werden kann. Fällt dann das Fest etwa aus? Die Antwort lautet: ja. Ohne Hirsebier kein Fest!

KAMERUN

Die Republik Kamerun ist ein Land in Afrika. Es liegt neben Nigeria und dem Tschad, aber es gibt auch noch andere afrikanische Länder in der Nachbarschaft: die zentralafrikanische Republik und die Republik Kongo. Die Menschen in Kamerun sprechen Französisch und Englisch. Darüber hinaus gibt es noch viele lokale Sprachen. Die meisten Menschen sind katholische Christen oder Muslime. In einigen Gegenden des Landes gibt es traditionelle Religionen, wie zum Beispiel bei den Dowayos, die in den Bergen im Norden von Kamerun wohnen.

BESCHNEIDUNG

In manchen Religionen ist es Tradition, den Jungen die Vorhaut des Penis zu entfernen – also die Haut, die sich über die Eichel zurückschieben lässt. Das nennt man Beschneidung. Auch wenn die Vorhaut kein unverzichtbares Körperteil ist, so ist eine Beschneidung immer ein Eingriff, der auch mal schiefgehen kann. Das passiert vor allem dann, wenn die Beschneidung nicht mit keimfreien Instrumenten durchgeführt wird. Deswegen diskutieren viele Erwachsene auf der Welt darüber, ob Beschneidungen, die nicht aus medizinischen, sondern aus rein religiösen Gründen durchgeführt werden, verboten werden sollten.

HOCHZEIT

Verliebt, verlobt, verheiratet – diesen Spruch kennt jeder! Zwei Menschen heiraten, um den Rest ihres Lebens zusammen zu verbringen. Vielleicht wollen sie auch eine eigene Familie gründen. Das ist ein großer Schritt im Leben. Nicht nur für das Hochzeitspaar, sondern auch für ihre Angehörigen. Mit der Heirat bekommt jeder der beiden viele neue Verwandte: die Schwiegereltern, vielleicht einen Schwager oder Schwägerinnen, Nichten und Neffen und so weiter. Eine Hochzeitsfeier ist also eine große Sache.

Alles muss gut geplant werden: das Festessen, die Gästeliste, das Hochzeitskleid, der Brautstrauß und natürlich auch die Trauung. Die kann in einer Kirche, einer Synagoge, einem Standesamt oder auch woanders stattfinden. Und wo soll anschließend mit den Gästen gefeiert werden? Vielleicht in einem Schloss, einem Restaurant oder lieber im Garten der Oma?

Die eigentliche Trauung läuft fast immer ähnlich ab. Die Brautleute werden einzeln von einem Priester oder dem Standesbeamten gefragt, ob sie einander heiraten wollen. Haben sie zugestimmt, tauschen sie in der Regel Ringe aus und stecken sich diese gegenseitig an den Ringfinger als Zeichen ihrer Verbundenheit. Danach beginnt die Hochzeitsfeier. Ob viele oder eher wenige Gäste zur Feier kommen sollen, bestimmt das Brautpaar.

Rund um eine Hochzeit gibt es viele Bräuche. Sehr verbreitet ist das Werfen des Blumenstraußes, den die Braut bei sich trägt. Sie stellt sich mit dem Rücken zu den Gästen und wirft den Brautstrauß hoch in die Luft. Wer den Strauß fängt, wird der nächste

sein, der heiratet – so sagt man zumindest. Den Strauß darf der Fänger oder die Fängerin übrigens als Andenken behalten.

Kennst du den englischen Hochzeitsbrauch: „Something old, something new, something borrowed, something blue and a lucky six-pence in your shoe“? Übersetzt bedeutet das, dass die Braut am Tag ihrer Hochzeit etwas Altes, etwas Neues, etwas Geliehenes, etwas Blaues und einen Glückscent im Schuh tragen soll. Wie wäre es mit einem alten und einem geliehenen Schmuckstück, einem neuen Kleid und einem blauen Strumpfband? Natürlich haben diese Dinge alle eine Bedeutung für das Brautpaar: Das Alte soll an das alte Leben vor der Hochzeit erinnern und das Neue an das gemeinsame bevorstehende Leben. Mit dem geliehenen Gegenstand soll an Freundschaft und Glück gedacht werden und Blau ist die Farbe der Treue. Ganz wichtig für die Ehe! Und wer einen Glückscent im Schuh trägt, wird hoffentlich keine Geldsorgen haben. Hurra!

EHE FÜR ALLE

Seit dem 1. Oktober 2017 dürfen auch in Deutschland gleichgeschlechtliche Paare heiraten. Das heißt: Ein Mann kann mit einem Mann und eine Frau mit einer Frau verheiratet sein. Mit der sogenannten „Ehe für alle“ haben *schwule* und lesbische Paare die gleichen Rechte wie ein *heterosexuelles* Paar.

BESTATTUNG

Wenn ein Mensch stirbt, wird sein toter Körper (der Leichnam) bestattet, beerdigt oder beigesetzt. Während einer Beerdigung wird der tote Körper in einem Sarg in ein Erdloch gelassen, das dann wieder mit Erde zugeschüttet wird. Diesen Ort nennen wir Grab. Auf dem Grab pflanzen die Angehörigen später Blumen. Meistens schmücken sie das Grab mit einem Grabstein, in dem der Name des Verstorbenen eingraviert steht.

Von einer Beisetzung oder Bestattung sprechen wir, wenn kein Sarg, sondern eine Urne mit der Asche des Verstorbenen in ein Grab gelassen wird. Dafür muss der Leichnam zunächst eingeäschert, also bei großer Hitze verbrannt werden. Das geschieht in einem Krematorium. Die Asche kommt dann in ein verschließbares Gefäß: die Urne.

Darüber hinaus gibt es noch weitere Möglichkeiten, den Toten zu verabschieden. Das hängt von der jeweiligen Gegend ab, in der der Verstorbene gelebt hat, aber auch von seiner Religion und seinen Wünschen für die eigene Bestattung. In manchen Ländern lassen die Menschen ihre Asche auch einfach in der Natur verstreuen.

Überall auf der Welt verabschieden die Menschen die Toten mit einem letzten Fest. Für die Lebenden ist es eine Möglichkeit, sich noch einmal an die gemeinsame Zeit zu erinnern, aber auch, um zusammen zu trauern und zu weinen. Gemeinsam bringt man den Sarg oder die Urne zum Platz der Bestattung. Das ist in den meisten Fällen ein Friedhof. Manche wünschen sich einen Gottesdienst, manche eine Grabrede, manche laden viele Leute zur Beerdigung ein, manche möchten nur die engsten Verwandten dabeihaben. Die Angehörigen verschicken Trauerkarten, um andere über den Tod des Verstorbenen zu informieren. Manchmal schreiben sie deshalb auch eine Traueranzeige, die in der Zeitung abgedruckt wird. Jeder, der vom Tod des Verstorbenen erfährt, meldet sich bei den Angehörigen zum Kondolieren. So nennt man das, wenn man den Angehörigen sein Mitgefühl und Beileid ausdrückt. Dann sagt oder schreibt man: „Herzliches Beileid“.

LEICHEN-SCHMAUS

Auch wenn es ein bisschen seltsam klingt: Das gemeinsame Essen und Trinken der Trauergäste nach einer Beisetzung nennen wir „Leichenschmaus". Dieser alte Brauch dient dazu, alle Gäste daran zu erinnern, dass das Leben weitergeht. Während des Leichenschmauses denken die Trauergäste an den Verstorbenen und erzählen sich besonders lustige oder schöne Momente aus seinem Leben. Auf diese Weise teilen sie ihre Trauer miteinander und unterstützen sich gegenseitig. Aber sie erinnern sich auch an die schönen Seiten des Lebens! Denn auch wenn die Hinterbliebenen sehr traurig sind, sind sie gleichzeitig froh, dass sie den Verstorbenen gekannt und geliebt haben und eine schöne Zeit mit ihm verbringen konnten.

Wie fühlt es sich an, tot zu sein? Und was passiert anschließend mit einem? Blicken wir aus dem Himmel auf die Lebenden herab, sowie im Volksglauben angenommen wird? Oder kommen die Toten einmal im Jahr auf die Erde zurück, so wie es in Mexiko am „Tag der Toten" gefeiert wird? Werden wir vielleicht sogar immer wiedergeboren, wie es Hinduisten und Buddhisten glauben? Oder ist mit dem Tod einfach alles zu Ende? Das sind Fragen, die sehr viele Menschen beschäftigen. Hast du dir auch schon mal darüber Gedanken gemacht? Was glaubst du, was uns nach dem Tod erwarten könnte?

JAHRESZEITEN-
FESTE

LOSAR

Das tibetische Neujahrsfest ist das wichtigste Fest in Tibet und wird mehrere Tage lang gefeiert. Es findet mit dem ersten Frühlingsmonat statt. Weil es in Tibet nicht üblich ist, seinen eigenen Geburtstag zu feiern, gratulieren sich die Menschen stattdessen zum Neujahrsfest gegenseitig dafür, dass sie alle nun wieder ein Jahr älter geworden sind. Neujahr ist in Tibet also eine große Geburtstagsfeier für alle! Eigentlich ganz praktisch, oder?

Die Tibeter nennen das Jahr „Lo“ und sagen „sar“ zu neu. „Neujahr“ heißt also auf Tibetisch „Losar“. Das Fest Losar beginnt um Mitternacht. Wie auf Kommando gehen jetzt alle Familien zu einem Fluss in ihrer Nähe. Dort holen sie frisches Wasser für die Zubereitung des sogenannten Buttertees, der sehr wichtig ist für Losar – ohne Tee keine Feier!

Für das neue Jahr hat die Familie Gebetsfahnen genäht, die jetzt aufgehängt werden. Das Haus ist aufgeräumt und geputzt. Und natürlich ziehen sich alle besonders schöne Kleider an. Auch der Familienaltar, der in jedes tibetische Haus gehört, ist festlich geschmückt. Wer Streit hatte, der verträgt sich wieder. Wer bei jemandem Schulden gemacht hat, der versucht sie spätestens jetzt zu begleichen. Das neue Jahr soll mit guten Vorsätzen und ohne Streit beginnen!

Um alles Unheil und böse Kräfte aus der Welt zu vertreiben, führen die buddhistischen Mönche öffentliche Maskentänze in den Straßen auf. Diese Tänze heißen „Cham-Tänze“ und manche der Masken, die die Mönche tragen, sehen ziemlich gruselig aus – aber sie sollen den Geistern ja auch ordentlich Angst machen.

Während des Losar-Festes verbringen die Tibeter vor allem Zeit damit, Verwandte zu besuchen und zusammen Tee zu trinken. Die Kinder ziehen von Haus zu Haus und bitten um Süßigkeiten. Sie schlagen dabei mit Stöcken oder Löffeln auf Töpfe und machen eine Menge Lärm.

In manchen Gegenden gibt es am Neujahrsabend auch ein Feuerwerk. Am letzten Tag des Festes gehen die Menschen zu Partys und Sportveranstaltungen. Dann trinken die Erwachsenen nicht nur Tee, sondern auch Chang, ein alkoholhaltiges Getränk aus Reis.

TIBET

Tibet ist ein kleiner Staat in Asien. Er liegt im tibetischen Hochlandgebirge. Tibets Hauptstadt heißt Lhasa. Ob Tibet ein eigenes kleines Land ist oder zu China gehört, darüber streiten sich Politiker bis heute. Fast alle Tibeter sind Buddhisten. Das Staatsoberhaupt Tibets ist der Dalai Lama. Allerdings lebt er zurzeit im indischen *Exil.* Er wurde nämlich von der chinesischen Regierung aus Tibet vertrieben, weil diese Tibet nicht als eigenständiges Land anerkennt.

TESTE DEIN WISSEN!

Welcher berühmte Berg befindet sich in Tibet?

a) Mount Everest
b) K2
c) Kilimandscharo

Richtige Antwort: a) Der Mount Everest (tibetisch: „Chomolungma") ist mit seinen 8848 Metern der höchste Berg der Welt!

KARNEVAL

Karneval wird in vielen Ländern und Regionen gefeiert, die Namen für das Fest sind aber ganz unterschiedlich: Fastnacht, Karneval oder Fasching – das hängt davon ab, wo man wohnt. Der Karneval beginnt offiziell am 11.11. um 11 Uhr 11, die eigentliche Karnevalswoche wird aber mehr als 40 Tage vor Ostern gefeiert. Sie beginnt mit einem Donnerstag und endet mit dem sogenannten Aschermittwoch. Dazwischen ist Zeit für einige närrische Tage!

In deutschen Städten wie Köln oder Mainz gibt es große Karnevalsumzüge, in denen viele verschiedene Karnevalsvereine ihre Kostüme präsentieren. Von großen Wagen, die langsam durch die Straßen rollen, werden Süßigkeiten (die Karnevalskamellen) und Konfetti in die Menschenmengen am Straßenrand geworfen. Alle verkleiden sich und ziehen durch die Straßen.

Warum Karneval eigentlich gefeiert wird, das weiß niemand so genau. Manche Wissenschaftler meinen, dass die Menschen verkleidet auf die Straßen gehen, um in ihren schaurigen Kostümen den Winter zu vertreiben. Andere gehen davon aus, dass die Menschen noch mal so richtig auf den Putz hauen wollen, bevor dann ab Aschermittwoch die christliche Fastenzeit beginnt, in der sich die Menschen sehr zurückhalten sollen.

MASKEN

Das arabische Wort „maskharat“ heißt übersetzt Scherz. Du kannst dir nämlich einen Scherz erlauben, wenn du dir eine Maske vor dein Gesicht hältst. Vielleicht schlüpfst du mit deiner Maske in die Rolle eines Tieres oder eines Monsters? Masken sind auf der ganzen Welt verbreitet. Menschen benutzen Masken zum Beispiel im Theater auf der Bühne, während einer religiösen Zeremonie, aber auch, um mit einer Maske gegen etwas zu protestieren. Eine Maske ohne Spieler ist langweilig. Nur durch die Person, die die Maske aufsetzt, wird die Maske lebendig. Im Karneval benutzen viele Menschen eine Maske.

In der Schweiz hat Fastnacht eine lange Tradition und ist kein so lustiges Fest wie in Deutschland. Der sogenannte „Baseler Morgenstreich“ findet erst am Montag nach Aschermittwoch statt. Ganz früh morgens ziehen Musikanten durch die Stadt: Trommler und Flötenspieler mit sehr kleinen Flöten. Niemand außer den Musikanten darf verkleidet sein. Nicht mal ein bisschen. Auch darfst du die Musikanten nicht berühren oder ihnen etwas zurufen. Du solltest während dieses Spektakels noch nicht mal die Straßenseite wechseln.

Der bekannteste Karneval der Welt findet einmal im Jahr in Venedig statt. Da die italienische Stadt einst auf Pfählen im Meer gebaut wurde, wird der traditionelle Festumzug auf dem Wasser gefeiert: auf Booten und Gondeln in den Kanälen. Sicher hast du schon mal eine der berühmten Halbmasken gesehen, die die Venezianer zum Karneval tragen?

TESTE DEIN WISSEN!

Was essen Karnevalsnarren gerne?

a) Gebrannte Mandeln
b) Würstchen im Brot
c) Berliner Pfannkuchen und Krapfen

Richtige Antwort: c)

HANAMI

Wenn in Japan zwischen Ende März und Anfang Mai die Kirschbäume blühen, feiern die Japaner „Hanami“, das Kirschblütenfest. Es ist ein Fest, das die Japaner schon seit über tausend Jahren feiern.

Das Kirschblütenfest ist auch ein Fest, um den Frühling zu begrüßen und Abschied von der kalten Jahreszeit zu nehmen. Die prachtvollen Kirschbäume stehen nur für wenige Tage im Jahr in voller Blüte. Danach verblühen sie und die Menschen müssen ein ganzes Jahr warten, bis es wieder so weit ist. Die Japaner finden: Das Hanami-Fest ist deswegen auch eine gute Erinnerung daran, dass im Leben alles vergänglich ist – nicht nur die Kirschbaumblüten ...

Das japanische „Hanami“ bedeutet „Blüten betrachten“. So besteht die Feierlichkeit tatsächlich vor allem daraus, die blühenden Bäume gemeinsam zu betrachten und zu bewundern. Zusammen mit Freunden und der Familie sucht man sich dafür im Park einen schönen Platz auf der Wiese aus, natürlich in der Nähe der Kirschbäume. Nicht vergessen: ein Sitzkissen und etwas Leckeres zu essen! Die Erwachsenen trinken zu ihrem Picknick unter den Kirschblütenbäumen gerne Saké, das ist ein Schnaps aus Reis.

Ganze zehn Tage lang dreht sich in Japan alles um die rosafarbenen Blüten. Schulfrei gibt es dafür allerdings nicht.

SAKURA

Die Kirschblüte heißt in Japan „Sakura“. Genau genommen handelt es sich dabei um die Blüte des Yoshino-Kirschblütenbaumes. Ihre Farbe ist rosa oder weiß. Weil die Kirschblüte so schön, aber auch vergänglich ist, ist sie in Japan zum allgemeinen Symbol für Schönheit und Vergänglichkeit geworden.

WARUM HAT HAMBURG EINE KIRSCHBLÜTEN-PRINZESSIN?

In Hamburg leben viele Menschen aus Japan. Um sich für die Gastfreundschaft der Hamburger zu bedanken, beschlossen sie im Jahr 1968, auch dort ihr Kirschblütenfest zu feiern. Dafür haben sie in der Stadt viele Kirschbäume gepflanzt. Die Bäume blühen jetzt jedes Jahr. Also feiern auch die Hamburger Hanami, unter anderem mit einem großen Feuerwerk. Alle zwei Jahre wählen sie sogar eine Kirschblütenprinzessin, die dann nach Japan zum dortigen großen Kirschblütenfest fliegen darf.

NOWRUZ

Das Neujahrsfest „Nowruz" (übersetzt aus dem Persischen bedeutet es: Neuer Tag) ist ein großes Frühlingsfest, das seit mehr als 3000 Jahren von vielen Menschen gefeiert wird.

In vielen Ländern Asiens feiern Menschen Nowruz: in Afghanistan, Tadschikistan, Pakistan, *Irak*, Indien und in der Türkei. Seinen Ursprung hat es aber in Persien, dem heutigen Iran.

Es stammt aus einer Zeit, als es die islamische Religion noch gar nicht gab. Daher ist Nowruz kein Fest, das an einen bestimmten religiösen Glauben gebunden ist.

Wenn nach dem iranischen *Sonnenkalender* die Sonne in das Tierkreiszeichen des Widders eintritt, also entweder am 20. oder am 21. März, dann beginnt das neue Jahr. Gefeiert wird es mit Nowruz, und zwar zwölf Tage lang. Vorher gibt es jedoch noch jede Menge zu tun – zum Beispiel werden alte und kaputte Gegenstände weggeschmissen oder repariert und Dinge, die man vielleicht lange Zeit aufgeschoben hat, werden endlich erledigt. Am Vorabend des neuen Jahres nehmen die Menschen ein ausgiebiges Bad. Alle wollen frisch für das neue Jahr sein.

Vielleicht siehst du jetzt auch einen rot gekleideten Mann mit großem Filzhut, dunkel geschminktem Gesicht und einem Tamburin in der Hand durch die Straßen laufen. Das ist „Haji-Firuz", der Nowruz-Botschafter. Er erinnert die Menschen daran, dass jetzt der Frühling kommt, ein Grund zur Freude!

Das Wichtigste an Nowruz ist ein Tisch mit sieben Gegenständen darauf, die alle mit dem Buchstaben S (auf Persisch „Sin“) beginnen und Glück bringen: eine Schale mit Weizensprossen („Sabseh“), etwas Süßes aus Weizen („Samanu“), Knoblauch („Sir“), Essig („Serke“), ein saures Gewürz („Somagh“), ein Apfel („Sib“) und Mehlbeeren („Senjed“). Der Tisch muss nicht unbedingt ein Tisch mit vier Beinen sein, manchmal reicht auch einfach ein ausgebreitetes Tuch, um die Dinge darauf zu platzieren. Fehlen dürfen auch nicht: ein paar Geldmünzen und ein Spiegel, eine Kerze und ein heiliges Buch. Das kann entweder der Koran oder auch die christliche Bibel sein. Glück bringen soll auch ein gläserner Krug, in dem ein paar Goldfische schwimmen.

WIE AUS PERSIEN DIE ISLAMISCHE REPUBLIK IRAN WIRD

Iran ist ein Staat am Persischen Golf. Der Persische Golf wiederum ist ein Meer in Asien. Früher sagte man zu Iran auch „Persien“. Das Land wurde sehr lange Zeit von einem König regiert und war damit ein Königreich. Im Jahr 1978 gab es allerdings einen großen Aufstand gegen den damaligen König, auf Persisch: „Schah“. Der Anführer dieses Aufstandes war Ruholla Chomeini. Der Schah und seine Familie mussten infolge des Aufstandes ins Ausland fliehen. Anschließend wurde Persien nicht nur eine Republik, sondern ein islamisch geprägtes Land. Denn Ruholla Chomeini war ein muslimischer Geistlicher. Heute ist der offizielle Name „Islamische Republik Iran“ und die meisten Iraner sind Muslime.

OSTERN

Mit dem Osterfest feiern die Christen die Auferstehung von Jesus Christus. Der Erzählung nach ist Jesus, nachdem er am Kreuz gestorben ist, drei Tage später von den Toten auferstanden. Für die Christen ist die Auferstehung Jesus ausdrücklich ein Beweis für die Existenz Gottes und Ostern damit das höchste Fest des Christentums. Die Ostertage – Gründonnerstag, Karfreitag als der Tag der Kreuzigung, Ostersonntag und Ostermontag – werden nach dem *Mondkalender* berechnet. Das heißt, dass sie kein festes Datum haben, das sich jedes Jahr wiederholt, wie zum Beispiel Weihnachten. Stattdessen wird Ostern immer um den Sonntag herum gefeiert, der auf den ersten Vollmond nach Frühlingsbeginn am 20. März folgt.

Wer ab Aschermittwoch gefastet oder bewusst auf etwas verzichtet hat, für den ist die vierzigtägige Fastenzeit am Ostersamstag vorbei. In der Nacht zu Ostersonntag gibt es in vielen Gegenden ein traditionelles Osterfeuer.

Am Ostersonntag gehen Christen in die Kirche und feiern im Gottesdienst, dass Jesus Christus aus seinem Grab auferstanden ist, indem sie eine Osterkerze für Jesus anzünden. Feuer und Licht ist für sie gleichbedeutend mit Jesus. Traditionell essen Christen an Ostern ein Osterlamm, das zu diesem Anlass geschlachtet wird.

An Ostern gibt es auch die Tradition, bunte Eier zu verstecken, und bestimmt freust du dich auch über Geschenke und Süßigkeiten vom Osterhasen! Hast du dich schon mal gefragt, woher dieser lustige Brauch mit den Eiern stammt? Während der Fastenzeit und besonders in den Tagen vor Ostern ist es gläubigen Christen untersagt, viele Eier zu essen. Den Hühnern allerdings ist das ziemlich egal, sie wissen ja nicht, dass Ostern naht, und legen trotzdem jeden Tag Eier. Früher hatten die Landwirte zum Osterfest deswegen jede Menge Eier übrig. Warum sie nicht einfach kochen, damit sie länger haltbar bleiben? Und damit sie niemand mit rohen Eiern verwechselt, bemalte man sie einfach bunt!

WER BRINGT AN OSTERN DIE EIER?

Übrigens, nicht überall ist es der Osterhase, der die Eier bringt. In der Schweiz ist es der Kuckuck, in Thüringen der Storch. Und in den ländlichen Gegenden von Nordrhein-Westfalen hat der Fuchs diese Aufgabe übernommen.

In Australien kommt zu Ostern ein ungewöhnliches Tier zu Besuch: das Osterbilby. Da ein Bilby wie ein Känguru einen Beutel besitzt, hat es darin die Eier und Süßigkeiten versteckt. Wer morgens zahlreiche Eier und Naschereien vorfinden möchte, der stelle außerdem abends eine Flasche Bier vor die Tür. Mit dieser Geschichte möchten die Australier den Osterhasen abschaffen. Hasen sind nämlich in Australien eine große Plage, sie fressen Wurzeln von Pflanzen und zerstören Wiesen und Felder mit dem Bau unterirdischer Gänge. Leider mögen alle Australier die Hasen, weil sie dabei immer an den Osterhasen denken. Aus diesem Grund haben sie jetzt das Osterbilby erfunden.

SHAM EL-NESSIM

Einen Tag, den alle Ägypter zusammen feiern, egal welche Religion sie haben oder an welchen Gott sie glauben, ist „Sham El-Nessim". Das Frühlingsfest ist ursprünglich ein Fest der Pharaonen, also der Herrscher und Könige des alten Ägypten gewesen. Das heißt auch, dass Sham El-Nassim eines der ältesten Feste der Menschheit überhaupt ist. Bis heute wird es immer direkt am Tag nach Ostern in den Straßen Ägyptens gefeiert.

An diesem Tag spielt Religion keine große Rolle, es wird also nicht gebetet oder an Gottesdiensten teilgenommen. Sham El- Nessim ist vielmehr ein Familienfest, mit dem die Menschen den Frühling begrüßen. Denn zurzeit der Pharaonen, vor vielen Tausend Jahren, hatte der Frühling eine besondere Bedeutung. Am Wasserstand des Flusses Nil lasen die Ägypter ab, dass die Trockenzeit jetzt bald vorbei sein würde, der Fluss würde sich nun wieder mit Wasser füllen. Das Wasser des Nils wiederum ließ die Pflanzen um ihn herum wachsen und blühen. Das bedeutete, dass es auch bald Obst und Gemüse geben würde, eine wichtige Nahrungsquelle der Bevölkerung. Der Frühling sicherte damit auch das Überleben der Menschen und bedeutete, dass sie nicht hungern mussten. Es war also nur allzu verständlich, dass die Ägypter die Ankunft des Frühlings feierten!

Später, als die alten Römer nach Ägypten kamen und dort die Macht übernahmen, bekannten sich viele Ägypter zum christlichen Glauben. Trotzdem feierten sie jedes Jahr weiterhin das Frühlingsfest: Sie machten es einfach zu einem Teil des christlichen Osterfestes. Als Ägypten dann – noch viel später – zu einem arabischen Land wurde und die meisten Menschen den muslimischen Glauben annahmen, blieb das Fest noch immer bestehen. Die Ägypter gaben ihm allerdings erst jetzt den arabischen Namen „Sham El-Nessim". Übersetzt heißt das „den Wind riechen".

An Sham El-Nessim gehen die Menschen in Parks, in den Zoo oder an die Flussufer, um zusammen zu picknicken. Bereits Tage vorher wird gekocht und ein köstliches Essen vorbereitet. Traditionellerweise gibt es etwas mit Fisch. Ein beliebtes Gericht ist gesalzener Fisch mit Zwiebeln. Wegen des nahen Osterfests wirst du an diesem Tag auch bunte verzierte Eier sehr oft und überall sehen. Die Ägypter hängen die bunt bemalten Eier an Bäume, und wer einen Wunsch auf ein Ei geschrieben hat, der hofft, dass dieser in Erfüllung geht.

ÄGYPTEN

Ägypten ist ein Land im Nordosten von Afrika. Vor mehr als 5000 Jahren lebten hier die alten Ägypter. Sie verehrten ihre Könige wie Götter, nannten sie „Pharaonen“ und ließen große Pyramiden für sie bauen. Die Pyramiden dienten als mächtige Grabstätten für die Pharaonen. Die alten Ägypter benutzten eine Bilderschrift, die Hieroglyphen, womit sie im Nachhinein sehr berühmt geworden sind. Heute sind die meisten Ägypter Muslime, wobei einige auch Christen sind.

TESTE DEIN WISSEN!

Wie heißt der längste Fluss der Erde?

a) Niels
b) Nil
c) Nihil

Richtige Antwort: b)

SUKKOT

Wenn der Herbst kommt, feiert man im Judentum das Laubhüttenfest „Sukkot". Das hebräische Wort „Sukkot" heißt übersetzt Laubhütten. Eine einzelne „Sukka" ist eine „Laubhütte". Jede Familie baut sich aus Holzlatten und Strohmatten eine Hütte und dekoriert sie mit gesammelten Zweigen, Ästen und Palmenwedeln. Die Sukka steht traditionell draußen im Garten, vor dem Haus oder auf dem Balkon.

Da „Sukkot" das jüdische Erntedankfest ist, findet es meistens im September oder Oktober statt, abhängig vom jüdischen Kalender. Gefeiert wird sieben Tage lang und wie bei allen jüdischen Festen beginnen auch die Feierlichkeiten zu Sukkot am Vorabend des ersten Tages. Die Frauen zünden jetzt, ähnlich wie zum Schabbat, zwei Kerzen an. Dann isst die Familie gemeinsam etwas Obst und bedankt sich mit einem Gebet für die diesjährige Ernte und dafür, dass die Natur ihnen Früchte, Gemüse und Getreide geschenkt hat.

Am ersten wirklichen Festtag geht man gemeinsam in die Synagoge. Der Minjan (siehe Seite 36) liest aus der Thora vor und die Gemeinde schwenkt einen Feststrauß in alle vier Himmelsrichtungen. Der Feststrauß ist ein Symbol für die unterschiedlichen Persönlichkeiten der Menschen: Egal, welche Persönlichkeit jemand hat, alle sollen sich vertragen und gemeinsam feiern. Und im nächsten Jahr soll es ordentlich regnen, damit die Ernte für alle ausreicht. Während der Feierlichkeiten gehen die Gläubigen auch zusammen um einen Tisch herum, auf dem ihre heilige Schrift liegt: die Thora.

KIDDUSCH

Zu allen möglichen Festlichkeiten wird im Judentum ein Segensspruch geäußert, ähnlich wie ein „Prost" oder ein „Gott segne dich!". Im Judentum heißt dieser Segensspruch „Kiddusch". Es ist üblich, bei einem Kiddusch etwas Brot in Honig zu tunken und zusammen mit dem süßen Brot einen Apfel zu essen.

In den folgenden Tagen versuchen alle, viel Zeit mit ihrer Familie in der Sukka zu verbringen. Man nimmt dort die Mahlzeiten ein, telefoniert, spielt und tut all die Dinge, die man sonst in seiner Wohnung oder in seinem Haus tut. Aber warum eigentlich? Ganz einfach: Die Sukka soll daran erinnern, mit welchen einfachen Mitteln die jüdischen Vorfahren in der Wüste Sinai gelebt haben, und daran, dass Gott sie auch hier stets beschützt hat.

Übrigens: Wer keine Möglichkeit hat, sich draußen eine Sukka zu bauen, der baut sich zumindest eine ganz kleine in der Größe einer Puppenstube!

DER FESTSTRAUSS

Kein Sukkot ohne Feststrauß! Die Zusammenstellung des Straußes ist genau festgelegt. Er muss aus den Zweigen von drei verschiedenen Pflanzenarten bestehen: Dattelpalme, Myrte und Bachweide. Der größte Zweig stammt dabei aus der Dattelpalme. Während der Feierlichkeiten wird der Strauß mit der rechten Hand in alle vier Himmelsrichtungen geschwenkt. Ein Paradiesapfel (Hebräisch: „Etrog"), die gelbe Frucht eines Zitrusbaumes, liegt dabei in der linken Hand.

ERNTEDANK & THANKSGIVING

Schon die alten Griechen bedankten sich bei ihrer Göttin Demeter, wenn die Ernte gut ausgefallen war. Später entwickelten die Christen aus diesem Brauch das Erntedankfest. Heute feiern wir Erntedank immer am ersten Sonntag im Oktober. Wie der Name schon sagt, geht es um die Wertschätzung aller Dinge, die uns die Natur gibt: Obst, Gemüse und Getreide. Wer an Gott glaubt, bedankt sich bei ihm für die essbaren Gaben der Natur. In den christlichen Kirchen findest du daher in der Zeit rund um das Erntedankfest einen festlich geschmückten Altar mit Feldfrüchten und Obst. Auch Milch und Honig zählen zur Ernte, da sie aus tierischen Produkten hergestellt werden, und der Wein.

Manchmal gibt es eine sogenannte Erntekrone – eine Krone, geflochten aus Getreide und Weinreben. Entweder hängt sie in der Kirche oder sie wird bei einer festlichen *Prozession* durch die Straßen getragen.

TESTE DEIN WISSEN!

Auch in Indien feiert man Erntedank. Wie heißt das Fest dort?

a) Pongal
b) Pungol
c) Pongul

Richtige Antwort: a). „Pongal" heißt übersetzt so viel wie Überkochen. Zum Fest kocht man traditionell Reis, bis er überkocht.

In Amerika heißt das Erntedankfest „Thanksgiving", übersetzt etwa „Danke für die Gaben". Gefeiert wird dort aber erst am vierten Donnerstag im November. Dem amerikanischen Thanksgiving geht, anders als dem deutschen Erntedankfest, ein besonderes geschichtliches Ereignis voraus: Vor fast vierhundert Jahren machten sich englische Auswanderer auf den Weg nach Amerika. Mit einem Schiff, das sie „Mayflower" nannten, überquerten sie den Atlantischen Ozean. Die Reise war lang und anstrengend. Flugzeuge gab es ja damals noch nicht. Am Ende ihrer Reise hatten sie nichts mehr zu essen an Bord, und als sie den amerikanischen Kontinent erreichten, waren sie ziemlich ausgehungert. Obendrein war gerade Winter. Das heißt, sie konnten nicht mal Gemüse anpflanzen!

Die Einheimischen, auf die die Auswanderer trafen, nannten sich „Wampanoag". Die Wampanoag waren sehr freundlich zu den neuen Nachbarn und gaben ihnen genügend Lebensmittel. So konnten diese den harten Winter überstehen. Im Frühjahr dann schenkten die Einheimischen den Engländern Saatgut und zeigten ihnen, wie man Mais anpflanzt, was für sie ganz neu war. Als das erste Jahr in der neuen Heimat für die Einwanderer rum war, feierten sie ein großes Fest, um sich für die Gastfreundschaft und die Unterstützung der Wampanoag zu bedanken.

Und so ist Thanksgiving entstanden! Seit dem Jahr 1621 ist Thanksgiving neben Weihnachten das wichtigste Fest in den USA. Die Familien kochen gerne ein großes Festessen mit einem gefüllten Truthahn, mit Süßkartoffeln und Kürbiskuchen. Sehr wichtig ist auch das traditionelle Maisbrot.

UND NACH DEM FEST?

Keine Sorge, die vielen Lebensmittel, die in den Kirchen ausgestellt werden, müssen anschließend nicht weggeschmissen werden. Schließlich geht es bei dem Fest ja auch um einen achtsamen Umgang mit der Nahrung, die uns die Natur zur Verfügung stellt. Nach dem Erntefest werden die Gaben daher an Bedürftige verschenkt.

JULFEST

Vor sehr langer Zeit lebten in Nordeuropa die Kelten und Germanen. Da es im hohen Norden während der Wintermonate sehr kalt und dunkel ist, ist der Winter eine anstrengende Zeit. Daher freuten sich die Menschen besonders darüber, dass ab Mitte Dezember die Tage wieder heller und die Nächte wieder kürzer werden.

Zur Feier der sogenannten Wintersonnenwende am 21. Dezember begingen bereits die Kelten das Julfest, das sie ihrem Gott Odin widmeten. Sie feierten damit offiziell die Rückkehr der Sonne und die Aussicht auf den Frühling. Jul ist in allen skandinavischen Ländern verbreitet. Heute meint man mit dem Julfest allerdings sowohl das skandinavische Weihnachtsfest als auch die Wintersonnenwende. Für die Schweden und Dänen ist „Jul" die Bezeichnung für Weihnachten, für die Isländer ist es „Jól", in Finnland heißt es „Joulu".

Bis zum 6. Januar feiern die Skandinavier Jul. Viele der alten Jul-Bräuche sind dort noch immer beliebt, auch wenn sie inzwischen Teil des Weihnachtsfestes geworden sind. Zwölf Nächte lang herrschen die sogenannten Rauchnächte. In dieser Zeit ist es üblich, die Häuser durch Feuerrauch zu reinigen und damit von bösen Einflüssen zu befreien. Auch erzählt man sich, dass in dieser besonderen Zeit das Geisterreich geöffnet ist und alle möglichen Geisterwesen durch die Lande ziehen: zum Beispiel Trolle und Wichtel. Daher empfiehlt es sich, für die Geister einen Teller mit leckerem Brei rauszustellen. Den mögen Wichtel und Trolle nämlich angeblich besonders gern!

SKANDINAVIEN

Wenn wir von Skandinavien sprechen, meinen wir jene Länder, die in Nordeuropa liegen: Finnland, Dänemark, Island, Norwegen und Schweden. Ebenfalls zu Skandinavien gehören die Inseln Färöer und Åland.

JULBOCK

Der Julbock ist ein aus Stroh geflochtener Ziegenbock. Auf vielen Plätzen in Skandinavien wird ein riesiger Julbock zum Julfest aufgestellt. Auch in den Fenstern der Häuser oder an Tannenbäumen ist der Julbock ein beliebter Weihnachtsschmuck. Angeblich bringt ja auch der Julbock die Geschenke zu Weihnachten!

SONNENWENDE

Die Erde dreht sich jeden Tag einmal um ihre eigene Achse. Die Drehung selbst spüren wir gar nicht, dafür ist die Erde zu groß und zum Glück werden wir auch durch die Erdanziehungskraft am Boden gehalten. Was wir aber bemerken: Der Stand der Sonne ändert sich. Das liegt daran, dass die Erde sich bei ihrer Drehung in einem bestimmten Winkel zur Sonne befindet. Der Teil, der der Sonne gerade zugewandt ist, bekommt jede Menge Licht ab. Dort ist es Tag. Der Teil, der sich gerade von der Sonne wegdreht, liegt im Dunkeln – dort ist es Nacht. Zusätzlich dreht sich die Erde innerhalb eines Jahres auch einmal um die Sonne. Deswegen haben wir verschiedene Jahreszeiten: Auf der Nordhalbkugel und auf der Südhalbkugel der Erde wechseln sich Frühling, Sommer, Herbst und Winter ab. Während der 21. Dezember im Norden der kürzeste Tag im Jahr ist, wird am 21. Juni der längste Tag im Jahr gefeiert – hier wird es auch nachts kaum dunkel und die Skandinavier feiern Mittsommer!

CHINESISCHES NEUJAHR

Das chinesische Neujahrsfest ist eigentlich ein Frühlingsfest und die wichtigste Feier für die Menschen in China. Sie feiern es immer am zweiten Neumond nach der Wintersonnenwende. Das kann zwischen dem 21. Januar und dem 21. Februar sein – das genaue Datum wird nach dem *Mondkalender* berechnet und ist jedes Jahr ein anderes.

Das Neujahrsfest wird übrigens nicht nur in China, sondern auch in anderen asiatischen Ländern gefeiert, beispielsweise in Korea, Vietnam und in der Mongolei. Es ist üblich, das Neujahrsfest mit seiner Familie zu feiern und Zeit mit den Verwandten zu verbringen. Am Abend vor dem neuen Jahr wird gemeinsam gegessen. Anschließend gibt es ein Feuerwerk. In den Straßen hängen rote Laternen und alles ist schön geschmückt. Die Wohnungen sind geputzt und die Zimmer aufgeräumt. Auf gar keinen Fall darfst du jetzt vergessen, die Fenster zu öffnen, damit das Glück ins Haus oder in die Wohnung kommen kann!

Und auch am Neujahrstag geht es mit einer Reihe von besonderen Verhaltensregeln weiter: Zum Beispiel solltest du dir am Neujahrstag nicht die Haare waschen. Vergiss nicht, deine rote Unterwäsche anzuziehen. Nur so bekommst du ganz bestimmt genug Glück für das neue Jahr ab …

Fünfzehn Tage lang feiern die Familien zusammen. Am letzten Tag findet dann ein großes Laternenfest statt und die Familien gedenken ihrer Verstorbenen.

DER ROTE BRIEFUMSCHLAG: HONG BAO

Alle Kinder freuen sich zum Neujahrsfest auf die roten Briefumschläge, die auf Chinesisch „Hong Bao" heißen und die von Verwandten verschenkt werden. In den kunstvoll verzierten Umschlägen steckt immer etwas Geld. Rot sind die Umschläge deshalb, weil in China die Farbe Rot für Glück und Wohlstand steht.

DAS MONSTER NIAN

Kennst du das chinesische Monster „Nian"? Es sieht aus wie ein Ochse und ein bisschen wie ein Drache. Angeblich wohnt es in den Bergen und lebt dort das ganze Jahr über in einem Tiefschlaf. Immer in der Neujahrsnacht, wenn das Monster von großem Hunger gequält wird, kommt es aus seiner Höhle gekrochen. Seine Lieblingsspeise sind nämlich Menschen! Hungrig schleicht es sich zu den Dörfern ... doch zum Glück sind die Menschen schlauer als das Monster. Sie machen ein lautes Feuerwerk und viel Lärm auf den Straßen. Weil das Monster große Angst vor den Farben Rot und Gold hat, wird zum Neujahrsfest alles in diesen Farben geschmückt. Mit Lärm, Feuer und Farben verjagen die Menschen das Monster, bis es sich wieder in die Berge zurückzieht und für ein weiteres Jahr in einen Tiefschlaf fällt – alles gut gegangen.

RELIGIÖSE FESTE

KARFREITAG

Karfreitag ist der wichtigste aber auch der traurigste Feiertag im Christentum. „Kar" kommt aus dem Althochdeutschen. In dieser frühen deutschen Sprache bedeutete „kara" so viel wie „Kummer" und „Trauer". Der Karfreitag ist also der Trauerfreitag und er liegt in der sogenannten Karwoche, das ist die Trauerwoche vor Ostern. An diesem Tag gedenken die Christen des Todes von Jesus Christus.

Was aber genau ist der Grund dafür, dass Jesus zum Tode verurteilt und an ein Kreuz genagelt wurde?

Jesus war Jude und glaubte daran, dass es nur einen einzigen Gott gibt, der die Welt erschaffen hat. Jesus erzählte den Menschen auch ganz neue Dinge über Gott. Zum Beispiel, dass Gott sich bald zeigen würde, um die Menschen von allem Leid zu befreien. Das gefiel nicht jedem. Viele hielten Jesus für einen Spinner. Manche dachten auch, er habe einen geheimen Plan und wolle sich zum König machen. Daher forderten die Gegner von Jesus den damaligen Statthalter des Kaisers, Pontius Pilatus, auf, dass er Jesus zum Tode verurteilen solle.

Jesus ahnte dies und lud seine Freunde und Anhänger zu einem gemeinsamen Abendessen ein. An dieses Abschiedsmahl erinnern sich die Christen immer am Tag vor Karfreitag, dem sogenannten Gründonnerstag. Jesus soll gesagt haben: „Nehmt das Brot und esst meinen Leib!" und „Nehmt den Wein und trinkt mein Blut!" Er hat damit gemeint, dass er noch über seinen Tod hinaus die Menschen lieben wird und dass seine Anhänger später bei jeder Mahlzeit an ihn denken sollen. Nach dem letzten Abendmahl ging Jesus mit seinen Anhängern zum Ölberg.

Er fühlte sich sehr traurig und einsam und war sich sicher, dass er bald sterben würde. Da kam einer seiner Freunde, Judas. Er war in Begleitung von einigen Soldaten des Kaisers und küsste Jesus. Was Jesus nicht wusste: Judas hatte mit den Soldaten zuvor ausgemacht, dass er ihnen auf diese Weise zeigen würde, wer Jesus ist. Somit verriet er Jesus an den Kaiser, obwohl er eigentlich mit ihm befreundet war.

Die Soldaten brachten Jesus daraufhin zu Pontius Pilatus. Dieser verurteilte Jesus zum Tode am Kreuz, weil er Jesus für einen Gotteslästerer hielt. Die Soldaten setzten Jesus eine Dornenkrone auf und peitschen ihn aus. Sie lachten über ihn. Jesus musste das schwere Kreuz auf dem Rücken zum Berg Golgita tragen. Dort angekommen, nagelten ihn die Soldaten an das Holzkreuz. Jesus war traurig, aber nicht wütend auf die, die ihm das antaten. Er bat seinen Gott, den Tätern zu verzeihen.

Als Jesus am Kreuz starb, wurde es plötzlich ganz dunkel. In einem *Tempel* in der Nähe riss ein Vorhang einfach auf. Auf einmal waren sich viele Menschen sicher, dass Jesus tatsächlich die Wahrheit gesagt hatte und er der Sohn Gottes war.

Die Freunde von Jesus nahmen den toten Körper vom Kreuz und legten ihn in ein Felsgrab, was damals so üblich war. Das Grab verschlossen sie mit einem sehr schweren Stein. Am Ostersonntag, zwei Tage nach der Kreuzigung, war das Grab plötzlich leer. Dies war ein Zeichen für sie, dass Jesus zum Himmel auferstanden war. An Ostersonntag ist deshalb die Trauerwoche für die Christen vorbei und sie feiern die Auferstehung von Jesus Christus.

HOLI

Im hinduistischen Kalender heißt der elfte Monat im Jahr „Phalunga". Dieser Monat ist in Indien sehr wichtig, denn am ersten Vollmondtag dieses Monats wird das Frühlingsfest „Holi" gefeiert. Zwei bis zehn Tage lang herrscht Festtagsstimmung: Die Menschen bewerfen sich gegenseitig mit buntem Farbpulver und besprühen sich mit gefärbtem Wasser. „Holi Hai!", rufen sie sich zu. Das heißt: „Fröhliches Holi-Fest!"

Egal, ob jemand alt oder jung ist, alle feiern miteinander und haben Spaß: Lehrer und Schüler, Angestellte und Chefs und auch Menschen, die sich im Alltag eher meiden würden. An diesen Tagen spielt es in Indien auch keine Rolle, welcher Kaste jemand angehört. Und wer Streit hatte, der verträgt sich am Holi-Fest. Das bunte Farbenfest soll außerdem Böses vertreiben und kündigt nach dem Winter den Frühling an. Dargestellt wird das häufig in einem Theaterstück, das mit dem Verbrennen einer Strohpuppe endet. Diese Strohpuppe soll ein Abbild der Dämonin Holika sein. Der hinduistische Gott *Vishnu* hatte nämlich einst diese Dämonin besiegt. Das Nachspielen der Szene soll daran und an die guten Taten der Götter erinnern. Die Menschen sind sich zu Holi einig: Das Gute siegt immer über das Böse!

WAS IST EINE KASTE?

Die indische Gesellschaft ist in vier Berufsstände aufgeteilt: Priester und Gelehrte (Brahmanen), Beamte und Krieger (Kshatriya), Bauern und Kaufleute (Vaishya) und Bedienstete (Shudra). Diese Stände werden als „Kasten" bezeichnet. Zusätzlich zu den vier Kasten gibt es in Indien noch die Gruppe der Kastenlosen: Menschen, die keiner Kaste angehören. Zu welcher Kaste ein Mensch in Indien gehört, bestimmt er nicht selbst. Jeder wird in die Kaste hineingeboren, in der schon die Eltern sind. Von einer Kaste in eine andere Kaste zu wechseln, ist nicht möglich. Wenn deine Eltern also der Kaste der Kaufleute angehören, müsstest du später auch Kaufmann werden. Plötzlich Priester oder Beamter zu werden, das ginge nicht. Kontakt hättest du eigentlich auch nur zu Menschen aus deiner Kaste. Das gefällt vielen Menschen in Indien nicht. Deswegen gilt das Kastensystem per Gesetz inzwischen offiziell als abgeschafft. Aus den Köpfen der Menschen ist es allerdings noch lange nicht verschwunden ...

GULAL

Grün, Gelb, Blau, Pink: Das farbige Pulver, mit dem sich die Menschen zum Holi-Fest bewerfen, heißt Gulal. Die vielen unterschiedlichen Farben sollen zeigen, wie unterschiedlich die Menschen sind und dass diese Vielfalt etwas sehr Kostbares ist.

Hergestellt wird das Pulver aus farbigen Wurzeln, Blüten und Kräutern und fein gemahlener Maisstärke. Essen solltest du Gulal aber lieber nicht.

TESTE DEIN WISSEN!

Warum werden zum Holi-Fest Kokosnüsse ins Feuer geworfen?

a) Um das Kokosfleisch lecker zu rösten
b) Kokosnüsse sind in Indien ein Symbol für schlechte Taten. Wer sie ins Feuer wirft, ist frei davon.
c) Das Feuer brennt länger und heller, wenn du Kokosnüsse hineinwirfst.

Richtige Antwort: b)

BUDDHAS GEBURTSTAG

Ein wichtiger Feiertag in Ostasien ist Buddhas Geburtstag, auch bekannt als „Vesakh". Es ist der Geburtstag von Buddha, der im 6. Jahrhundert vor Christus als Prinz Siddhartha Gautama im heutigen Nepal geboren wurde.

Buddhisten feiern Vesakh im Mai, abhängig davon, wann Vollmond ist. In Thailand feiert man an diesem Tag auch den späteren Todestag Buddhas und auch den Tag seiner Erleuchtung – also drei Ereignisse, die auf dieses Datum fallen.

Für Buddhisten ist der Tag zwar sehr bedeutend, doch es ist weniger wichtig, an vielen Zeremonien oder Ritualen teilzunehmen. Wichtig ist stattdessen, dass sich jeder Buddhist an diesem Tag auf seine eigene Religiosität besinnt, sich vor allem in Achtsamkeit übt und sich an seine buddhistische Lebenshaltung erinnert.

Deshalb ist Buddhas Geburtstag auch ein Fest für gute Taten und gute Vorsätze. Es ist beispielsweise üblich, den buddhistischen Mönchen eine Essenspende zu machen und ihnen Speisen und Getränke zum *Tempel* zu bringen. Auch darf kein Tier an diesem Tag getötet und alle Vögel sollen freigelassen werden. In vielen buddhistischen Ländern finden *Prozessionen* und Vorträge über das Leben Buddhas statt. Das Wichtigste ist jedoch die Meditation: zu Hause oder in einem *Tempel*.

MEDITATION

Meditieren gehört zum Leben eines Buddhisten wie Zähneputzen und Schlafen. Dafür setzt man sich bequem auf ein Kissen oder auf einen Stuhl und legt die Handflächen ineinander. Der Meditierende besinnt sich auf seinen Atem und versucht dabei, seine Gedanken an sich vorbeiziehen zu lassen. Wenn du das selbst einmal ausprobierst, wirst du sofort feststellen: An gar nichts zu denken, das ist ziemlich schwierig! Ständig strömen Gedanken auf uns ein oder wir verfallen in Tagträumereien. Ziel der Meditation ist es aber, den Gedankenstrom immer wieder zu unterbrechen und sich bewusst auf den jetzigen Moment zu besinnen. Eine Hilfe ist es, sich nur auf das Atmen zu konzentrieren. Denn das tun wir jeden Moment neu und immer wieder.

GROSSES BAD FÜR KLEINE BUDDHAS

Ein besonderes Ritual zu Buddhas Geburtstag ist in Thailand das Baden der sogenannten Baby-Buddhas. Die Menschen füllen dafür Wasserbecken und tränken darin etliche Blumen und wohlriechende Pflanzen. Jetzt ist das Wasser wie parfümiert und genau richtig, um damit die kleinen Buddha-Figuren zu begießen!

TESTE DEIN WISSEN!

Warum heißt das Vesakh-Fest in Thailand auch „Dreimal heiliges Fest"?

a) Weil dabei drei Ereignisse im Leben Buddhas gefeiert werden
b) Weil man alle Gebete dreimal hintereinander sprechen muss
c) Weil die Zahl Drei im Buddhismus eine magische Zahl ist

Richtige Antwort: a). Geburtstag, Erleuchtung und Tod Buddhas.

PFINGSTEN

Sieben Wochen nach Karfreitag, dem Todestag von Jesus Christus, feiern Christen wieder ein großes Fest: Pfingsten. Zu diesem Fest, das am Pfingstsonntag und am Pfingstmontag gefeiert wird, gedenken die Gläubigen des sogenannten Heiligen Geistes.

Neben ihrem Gott und Jesus als Sohn Gottes glauben Christen nämlich noch an eine weitere göttliche Kraft: an die des Heiligen Geistes. Alle drei Kräfte zusammen nennen sie *Dreifaltigkeit*. Wie diese *Dreifaltigkeit* funktioniert, ist sehr schwer zu verstehen, auch für Christen.

„Pfingsten" kommt vom griechischen Wort für fünfzig. Denn fünfzig Tage nach dem jüdischen *Pessachfest* feiert man im Judentum den Feiertag „*Chawuot*", eine Art Erntefest.

Anlässlich dieses Festtages trafen sich nach Jesus Tod seine Freunde und Anhänger in Jerusalem und kamen dafür aus der ganzen Welt angereist. Jesus selbst war nicht mehr dabei, doch seine Anhänger waren sich sicher, dass er ihnen zum Feiertag *Chawuot* ein Zeichen vom Himmel schicken würde. Und siehe da: Plötzlich kam ein großer Sturm auf, den die Menschen als göttliches Zeichen, als Zeichen des Heiligen Geistes sahen.

Was sie dabei sehr merkwürdig fanden: Auf einmal waren sie in der Lage, alle möglichen Sprachen zu verstehen. Jeder verstand plötzlich die Sprache der anderen, auch wenn ja alle aus ganz verschiedenen Ländern mit den unterschiedlichsten Sprachen gekommen waren. Darüber hinaus konnten die Menschen in diesem Moment nicht nur alle Sprachen verstehen, sondern auch noch alle anderen Sprachen selbst sprechen, ohne sie je gelernt zu haben!

Stell dir vor, dir würde Ähnliches passieren – wie toll wäre das! Das fanden die Freunde von Jesus auch und waren sich ganz sicher, dass der Heilige Geist zu den Menschen auf die Erde gekommen war und Jesus ihnen ein Zeichen geschickt hatte. Vor lauter Freude ließen sich daraufhin ganz viele Menschen *taufen*. Sie gründeten die erste christliche Gemeinde in Jerusalem.

Pfingsten ist deshalb heute für die Christen auch der Geburtstag der christlichen Kirche und der christlichen Gemeinschaft.

Und der Heilige Geist? Das ist eine übernatürliche Kraft für die Gläubigen, die schwer zu greifen ist. Manchmal zeigt sie sich in Form von Ereignissen, wie sie es damals fünfzig Tage nach dem jüdischen *Pessachfest* getan hat.

DIE TAUBE: SYMBOL FÜR DEN HEILIGEN GEIST

Die Christen suchten lange nach einem passenden Symbol für den Heiligen Geist und den christlichen Glauben, also für etwas, das wir nicht sehen können. Erst knapp dreihundert Jahre nachdem Jesus gestorben war, einigten sie sich auf die Taube als passendes Symbol für den Heiligen Geist. Eine Taube taucht nämlich in den Geschichten der Bibel immer wieder auf. Noah beauftragt beispielsweise eine Taube, um nach Land zu suchen, als sich alle anderen Lebewesen aufgrund der Sintflut auf der Arche Noah befinden.

EID-AL-FITR

Fasten bedeutet, für einen bestimmten Zeitraum auf Nahrung und manchmal auch auf Getränke zu verzichten. Wenn man eine Zeit lang gefastet hat und dann damit aufhört, nennt man das „Fastenbrechen". Aber wieso wird das überhaupt gemacht? Wer für viele Stunden am Tag auf Nahrung und Getränke verzichtet, der schätzt ihren Wert anschließend umso mehr. Fasten bedeutet gleichzeitig, dass der Geschmackssinn eine Weile nicht beansprucht wird und unsere anderen Sinne dadurch plötzlich stärker werden. So fasten Muslime im Fastenmonat *„Ramadan"*, um sich besonders auf ihren Glauben konzentrieren zu können.

Zwischen Sonnenaufgang und Sonnenuntergang essen und trinken erwachsene Muslime gar nicht. Erst nach Sonnenuntergang kommen sie zum Fastenbrechen mit der Familie und Freunden zusammen und essen. Wenn du den ganzen Tag nichts gegessen und getrunken hast, fängst du erst mal mit einer kleinen Speise an, um den Magen wieder zu gewöhnen: beispielsweise mit ein paar Datteln und etwas Milch. Später gibt es dann etwas mehr – aber nur, bis die Sonne am nächsten Morgen wieder aufgeht, denn dann ist es wieder vorbei mit dem Essen! Das zelebrieren Muslime während des *Ramadan* einen Monat lang jeden Tag aufs Neue.

Das Fest des Fastenbrechens heißt „Eid-al-Fitr" und dauert drei Tage lang. In der Türkei heißt das Fest „Ramazan Bayramı" und wird .als „Zuckerfest" bezeichnet. Während dieser drei Tage ist es für Muslime regelrecht verboten zu fasten. Alle müssen essen und überall werden die köstlichsten Speisen zubereitet. Jeden Abend kommt die Familie zu einem großen Festessen zusammen. Unmengen an Süßigkeiten werden an die Kinder verteilt. Geschenke und Geld gibt es ebenfalls. Man spendet auch ganz selbstverständlich an bedürftige Menschen. Täglich gehen die Gläubigen zum Gebet in die Moschee. Schulen und Geschäfte sind geschlossen und es wird keine Tageszeitung gedruckt.

Muslimische deutsche Kinder gehen zwar an diesem Tag zur Schule, dürfen aber zumindest keine Klassenarbeiten schreiben. Das ist sogar gesetzlich so geregelt.

Alle Muslime beglückwünschen sich gegenseitig mit den Worten: „Id mubarak“ (Gesegnetes Fest!) oder „Id sa'id“ (Glückliches Fest!). Sie hoffen, dass die Zeit bis zum nächsten *Ramadan* friedlich und glücklich verlaufen wird.

RAMADAN

Zwischen Sonnenaufgang und Sonnenuntergang verzichten gesunde erwachsene Muslime komplett auf das Essen und Trinken. Fällt der Fastenmonat in die heißen Sommermonate, kann das sehr anstrengend sein. Wer alt, krank oder schwanger ist oder sich auf Reisen befindet, muss daher nicht fasten. Auch wenn ein muslimischer Fußballspieler ein wichtiges Spiel während des *Ramadans* hat, darf er natürlich essen und trinken. Er kann später zu einem anderen Zeitpunkt alle Fastentage nachholen, wenn er möchte. Und wer überhaupt nicht fasten kann, der verzichtet wenigstens bewusst aufs Schimpfen, Fluchen und Lügen. Auch das kann manchmal ganz schön schwierig werden.

HADDSCH

Für jeden Muslim und jede Muslima gehört es zu ihrer Religion, einmal im Leben nach Mekka zu pilgern. Mekka ist eine Stadt in Saudi-Arabien. Die Pilgerfahrt nach Mekka ist eines der Gebote des Islams, das die Gläubigen auch „Säule“ nennen. Auf Arabisch heißt die Reise „Haddsch“. Möglich ist die Pilgerfahrt aber nur zu einem festgelegten Datum, nämlich nur während des Pilgermonates „Dhul-Hiddscha“. Das ist der letzte Monat des islamischen Jahres.

Viele Tausend Muslime pilgern jedes Jahr nach Mekka. Ihr Ziel ist die Kaaba, das ist ein schwarzer Stein, der aussieht wie ein großer Würfel. Für Muslime ist die Kaaba das wichtigste Gebäude, das es auf der Erde gibt. Sie sagen, es sei das erste Haus, das ihr *Prophet* Ibrahim (Abraham) für Allah gebaut habe.

Die Kaaba steht im Innenhof einer sehr berühmten Moschee: der al-Haram-Moschee. Wer in Mekka eintrifft, darf aber nicht sofort zur Moschee stürmen und die Kaaba besuchen. Erst müssen sich die Pilger darauf vorbereiten: Sie waschen sich, schneiden sich Finger- und Fußnägel, ziehen sich weiße Leinenkleider an und beten ausgiebig. Wenn sie dann die al-Haram-Moschee besuchen, gehen sie als erstes siebenmal um die Kaaba herum. Dabei ist es wichtig, gegen den Uhrzeiger zu gehen. Viele Pilger verbringen anschließend viel Zeit in der Moschee, lesen dort den Koran und beten. Die Atmosphäre ist für alle sehr besonders. Der Alltag ist weit weg. Alle Menschen fühlen sich ihrem Gott und auch den anderen Menschen sehr nah.

Während des Pilgermonats wird auch das wichtigste islamische Fest gefeiert: Id al-Adha, das *Opferfest*. Die Pilger feiern Id al-Adha als Teil ihrer Mekka-Reise. An diesem Tag gedenken die Gläubigen ihres *Propheten* Ibrahim, den wir schon als Abraham kennengelernt haben.

Gott hat Ibrahim nämlich eine harte Probe gestellt: Er sollte seinen Sohn Ismael opfern. Nachdem er bereit war, dieses Opfer wirklich zu bringen, hat Allah von der Idee abgelassen. Zum Dank haben Ibrahim und Ismael ein Tier schlachten lassen und ein Fest gefeiert. Viele Muslime lassen daher zum *Opferfest* Tiere schlachten, um das Fleisch anschließend Bedürftigen zu schenken.

DIE KAABA

Die Kaaba ist ein viereckiges Steinhaus: dreizehn Meter lang, dreizehn Meter breit und fünfzehn Meter hoch. Ihre Ecken zeigen in alle vier Himmelsrichtungen. Schwarz ist sie, weil sie mit einem schwarzen Tuch bedeckt ist. Das Tuch ist außerdem kunstvoll mit goldenen Fäden bestickt, und der Name „Allah" ist hineingewebt. Einmal im Jahr wird das Tuch ausgewechselt. Damit es gut riecht, wird das Tuch regelmäßig mit einem besonderen Duft eingesprüht. Eine Tür gibt es auch, aber keine Fenster. In der Kaaba befinden sich drei Säulen und eine Leiter, die zum Dach führt. Ansonsten ist die Kaaba leer und wird nur zweimal im Jahr für ein Reinigungsritual geöffnet.

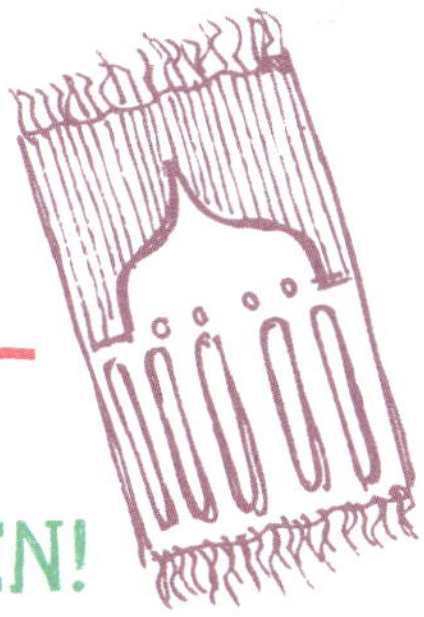

TESTE DEIN WISSEN!

Warum beten Muslime immer in Richtung Mekka?

a) Weil dort die Kaaba steht
b) Weil dort die Sonne aufgeht
c) Weil es sie an ihre Haddsch erinnern soll

Richtige Antwort: a)

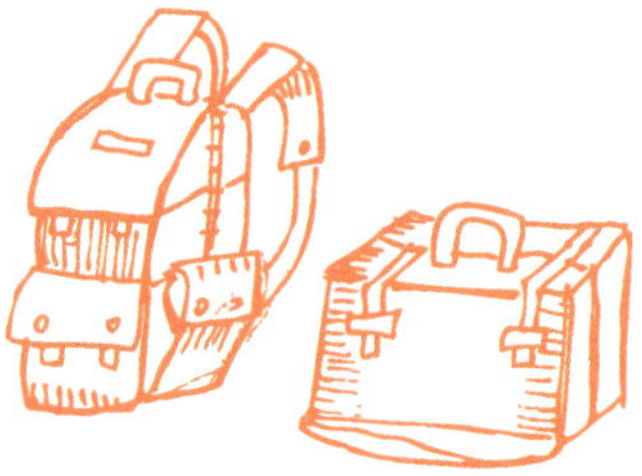

DIWALI

Ein wichtiges hinduistisches Fest ist das Lichterfest „Diwali“. Die Menschen in Indien, Nepal und in Sri Lanka feiern fünf Tage lang die Existenz des Lichts. Sie sagen, dass Licht immer stärker als Dunkelheit ist, und damit auch Gutes stärker als Böses. Diwali findet meistens während unseres Novembers statt, aber berechnet wird es nach dem hinduistischen Kalender. In diesen Tagen dreht sich dann alles um das Licht.

Diwali ist übrigens ein Name aus dem Sanskrit – das ist nicht nur eine sehr alte indische Sprache, sondern auch die älteste überlieferte Schriftsprache der Welt. „Diwali“ heißt übersetzt Lichterkette. Deswegen wird zum Lichterfest alles mit Lichterketten geschmückt: Häuser, Straßen, Bäume, einfach alles. Überall stellen die Menschen Kerzen und Öllampen auf. Die Häuser und Straßen sind hell erleuchtet.

Und natürlich ist es üblich, sich an Diwali feierlich zu kleiden, zu Hause aufzuräumen und sich gegenseitig zu besuchen.

Auch einige hinduistische Götter bekommen zu Diwali besonders viel Aufmerksamkeit: Das Licht soll vor allem die Göttin Lakshmi begrüßen, von der man behauptet, dass sie nur in solche Häuser hineinschaut, die hell beleuchtet sind. Auch die schwarze Göttin Kali wird zu Diwali in Form von Feuerwerken und Knallkörpern geehrt. Diwali erinnert also auch ein bisschen an Silvester. Während der Festtage beschenkt man sich mit Süßigkeiten und verspricht, sich gegenseitig zu beschützen.

KALI

„Kali“ ist ebenfalls Sanskrit und heißt übersetzt „Die Schwarze“. Für Hinduisten ist Kali die Göttin, die über Leben und Tod bestimmt. Sie hat schwarze oder dunkelblaue Haut und oft streckt sie ihre Zunge weit heraus. Sie hat sehr viele Arme und drei Augen. Aber böse ist sie nicht. Sie spendet den Menschen Trost und beschützt sie.

LAKṢMI

„Lakṣmi" ist Sanskrit und bedeutet „Glück, Schönheit und Reichtum". Lakṣmi ist auch der Name einer im Hinduismus sehr beliebten Göttin. Sie ist, wie ihr Name schon sagt, zuständig für Glück und Reichtum. Und freundlich ist sie auch! Sie hat übrigens vier Arme und trägt gern rote Kleidung.

KOLAM

Vor *Tempeln* und in Hauseinfahrten fertigen die Frauen in Indien sogenannte „Kolams" an. Das sind große geometrische Muster, die an Mandalas erinnern. Die Inderinnen verwenden dafür Reismehl, das sie durch ihre Finger auf den Boden rieseln lassen, bis sich die Punkte zu Linien und die Linien zu Mustern verbinden. Ein Kolam soll Glück bringen und wird daher auch an anderen hinduistischen Feiertagen angefertigt.

ASCHURA

Aschura ist ein Schiitischer Feiertag. Er findet am zehnten Tag des muslimischen Monats *„Muharram"* statt. Aschura ist Arabisch und heißt übersetzt zehn. *Muharram* ist übrigens der erste Monat im islamischen Kalender.

Fröhlich wird es an diesem Tag nicht, denn die Schiiten trauern um Hussein (Husain ibn 'Ali), den Enkel des *Propheten* Mohammed. Vor mehr als 1300 Jahren starb er zusammen mit vielen anderen Männern in einer Schlacht gegen Yazid I, den damaligen Anführer der muslimischen Gemeinde. In diesem Kampf wollten die Anhänger von Hussein durchsetzen, dass er der neue Anführer wird. Das hat aber nicht geklappt: Hussein kam zu Tode und Yazid I blieb der Anführer. Für viele Gläubige ist Hussein daher ein Märtyrer, der für seine Überzeugung starb.

Der Aschura-Tag ist damit ein Trauertag, an dem man Hussein gedenkt. So singt man traditionell an diesem Tag sehr traurige Lieder und isst zusammen. Früher ist es auch üblich gewesen, sich an diesem Tag selbst zu verletzen, um an das Märtyrertum zu erinnern und sich zum Beispiel mit einer Peitsche auf den Rücken zu schlagen, bis es blutig wurde. Die Männer, die sich in Gedenken an Hussein verletzen wollten, taten das, um sich ihm durch die Schmerzen näher zu fühlen. Heute ist diese Selbstverletzung in den meisten Ländern verboten.

WAS IST EIN MÄRTYRER?

Märtyrer sind Menschen, die für andere Menschen Leid und Schmerzen auf sich nehmen. Sie gehen zum Beispiel das Risiko ein, in einem Glaubenskampf zu sterben wie Hussein. Oder sie lassen sich an ein Kreuz nageln wie Jesus. Du willst wissen, warum sie das tun? Wahrscheinlich, weil sie einen sehr starken Glauben an ihre Religion haben. Märtyrer gibt es in nahezu allen Religionen.

Und es gibt noch ein weiteres Ereignis, das am Aschura-Tag gefeiert wird: die Rettung der Arche Noah. Die Arche ist nämlich der Sage nach am Berg Ararat gestrandet. Und das ist ein Gebiet in der heutigen Türkei. Der Legende nach waren Noah und seine Familie sehr hungrig, als sie endlich in Sicherheit waren. Sie kochten ein Festessen aus allem, was sie noch an Essbarem dabei hatten. Und deshalb wird zum Aschura-Tag in der Türkei eine besondere Süßspeise zubereitet: „Noahs Suppe“ oder auch „Aschura-Suppe“. Aus vierzig Zutaten soll die Suppe gekocht werden: Erbsen, Weizen, Bohnen, Reis, Früchten, Nüssen und vielen verschiedenen Gewürzen. Granatäpfel dürfen auch nicht fehlen. Wenn du keine vierzig Zutaten zusammenbekommst, ist es allerdings auch nicht so schlimm. Es müssen nur mindestens sieben sein, das ist wichtig! Und ist die Suppe fertig, solltest du sie mit mindestens sieben Freunden teilen.

SCHIITEN

Im Islam gibt es zwei verschiedene Glaubensrichtungen: die Lehre der Sunniten und der Schiiten. Auch wenn insgesamt nur zehn Prozent der Muslime Schiiten sind, so leben in den Ländern Iran, Aserbaidschan und im Libanon verhältnismäßig viele Schiiten. In anderen Ländern sind Muslime meistens Sunniten. Der Name Schiiten leitet sich vom Wort „Schia“ ab. Das bedeutet „Anhänger einer Partei“. Als der *Prophet* Mohammed starb, erkannten die Schiiten Mohammeds Schwiegersohn Ali, der auch gleichzeitig sein Cousin war, als ihren neuen religiösen Anführer an. Die Sunniten glaubten, Abu Bakr sei der neue Anführer.

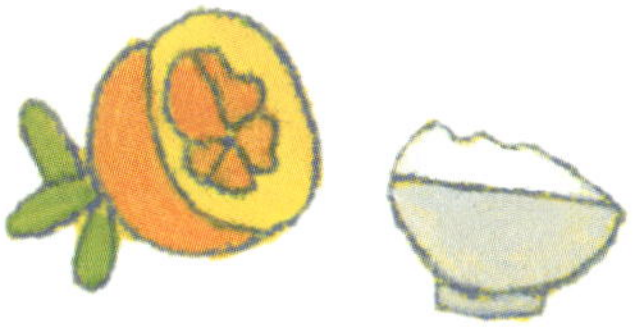

REFORMATIONSTAG

Jedes Jahr am 31. Oktober feiern evangelische Christen den Reformationstag. Das Wort „Reformation" ist vom Lateinischen abgeleitet und bedeutet Erneuerung. Vor ungefähr 500 Jahren hat nämlich Martin Luther, ein Theologe und Mönch, die Erneuerung der katholischen Kirche gefordert. In 95 Thesen hat er auf die damaligen Ungerechtigkeiten innerhalb der Kirche hingewiesen.

Zur Zeit Martin Luthers war es üblich, dass Christen sich mit einem sogenannten Ablassbrief von ihren Sünden freikaufen konnten. Der damalige Papst betrieb einen regelrechten Ablasshandel und nahm viel Geld damit ein. Wie er das geschafft hat? Er erzählte den Menschen, dass sie nach ihrem Tod ins Fegefeuer kämen und dort unter schrecklichen Qualen verbrennen würden, wenn sie keine Ablassbriefe kauften. Viele Menschen hatten davor große Angst, denn sie glaubten dem Papst und waren bereit, eine Menge Geld zu bezahlen. Hauptsache, die Kirche würde sie von ihren Sünden freisprechen.

Du musst wissen: Nur wenige Menschen konnten damals die Bibel lesen. Die Bibel war nämlich auf Latein geschrieben und das beherrschten nur Gelehrte, wie eben Martin Luther. Der begann, die Bibel genauer zu studieren. Er wollte mehr über das Verbrennen im Fegefeuer wissen. Aber er fand in der Schrift keinen Hinweis darauf. Stattdessen stellte er beim Lesen der Bibel fest, dass den Menschen bereits alle Sünden vergeben worden waren – Jesus war doch für sie am Kreuz gestorben!

Martin Luther war sich sicher: Der Papst lügt! Das machte ihn sehr wütend. Er schrieb einen Brief mit 95 Thesen, in denen er nachwies, dass die Behauptungen des Papstes nicht stimmten. Damit wollte er den Papst zur Einsicht zwingen und die Kirche reformieren. Der Papst sah das allerdings anders und ließ Martin Luther zur Strafe verfolgen.

Martin Luthers Thesen waren der Anfang der evangelische Kirche. Die evangelischen Christen sind nämlich bis heute Anhänger Martin Luthers und seiner Ideen und die Katholiken blieben Anhänger des Papstes. Am jährlichen Reformationstag wird diese Abspaltung mit einem großen Gottesdienst gefeiert.

MARTIN LUTHER

Martin Luther (1483–1546) wurde in Eisleben im heutigen Sachsen-Anhalt geboren. Eigentlich wollte er Jura studieren. Doch dann hatte er ein Erlebnis, das ihn umstimmte: Ein Blitz schlug in seiner unmittelbaren Nähe ein und er hatte große Angst. Er war gläubig und schwor, dass er ein christlicher Mönch werden würde, sollte Gott ihn dieses Unwetter überleben lassen. Und so kam es. Nachdem er seine 95 Thesen zur Erneuerung der Kirche veröffentlicht hatte und vom Papst verfolgt wurde, versteckte sich Martin Luther bei einem Freund und übersetzte dort die Bibel in die deutsche Sprache, damit möglichst alle Menschen sie verstehen können.

ABLASSBRIEF

Unter „Ablass“ versteht man in der katholischen Kirche die Wiedergutmachung eines schlechten Verhaltens oder einer sogenannten „Sünde“. Jemand gesteht einem Priester seine Tat und muss anschließend dafür bestimmte Gebete sprechen oder etwas Gutes tun. Ziel ist es, möglichst all seine Sünden wiedergutzumachen, um nach dem Tod ins Paradies zu kommen.

CHANUKKA

Das jüdische Fest Chanukka wird im Dezember gefeiert und dauert genau acht Tage. Chanukka soll daran erinnern, dass die Juden vor über 2000 Jahren ihren *Tempel* in Jerusalem wiederaufbauen mussten, nachdem er zuvor vom König Antiochos IV. entweiht worden war.

Der König versuchte nämlich, Menschen mit jüdischem Glauben zu zwingen, ihre Religion aufzugeben, und verhielt sich der jüdischen Religion gegenüber sehr respektlos: Er ließ zum Beispiel Schweine in ihren *Tempel* laufen, obwohl er genau wusste, dass die Tiere in der jüdischen Religion als unrein empfunden werden. Die Schweine verwüsteten den *Tempel*.

Aber noch viel schlimmer: Das sogenannte „ewige Licht“ der Menora, einem siebenarmigen Kerzenständer, erlosch. Ohne dieses ewige Licht war der *Tempel* für die jüdische Gemeinde kein richtiger *Tempel* mehr – durch die Bosheit des Königs war er entweiht worden. Da fanden einige Menschen ein kleines Fläschchen Öl. Erst schien es, als ob die Menge des Öls niemals ausreichen würde, um damit die sieben Flammen der Menora erneut zum Brennen zu bringen. Doch sie versuchten es. Und siehe da: Nicht nur brannten die sieben Kerzen wieder, sondern wie durch ein Wunder brannten sie sogar acht Tage lang.

Seitdem zünden Juden zum Lichterfest Chanukka nach Anbruch der Dunkelheit mit jedem Tag ein Licht an der Menora an. Am ersten Tag brennt die erste Kerze, am zweiten Tag brennen zwei, bis am achten Tag alle Kerzen leuchten. Mindestens dreißig Minuten lang sollen die Kerzen brennen. In dieser Zeit arbeiten die Menschen nicht, sondern spielen miteinander. Ein beliebtes Spiel ist das Dreidl-Spiel (siehe Seite 132). Außerdem kommt die Familie zusammen und isst gemeinsam Krapfen oder Kartoffelpuffer oder singt Chanukka-Lieder. Geschenke und Süßigkeiten für die Kinder gibt es auch.

ANTIOCHOS IV.

Vor mehr als 2000 Jahren war Antiochos ein ziemlich mächtiger König des Seleukidenreichs. Dieses war in der Zeit des Altertums ein Staat, denn die Welt war damals noch in andere Länder und Staaten eingeteilt, als sie es heute ist. Könige und Kaiser wurden damals wie Götter verehrt und duldeten keine Religionen.

CHANUKKIA

Eine Chanukkia ist eine Menora, ein mehrarmiger Kerzenleuchter. Zu Chanukka stellt man die Chanukkia ins Fenster, damit auch von draußen das Licht der Kerzen zu sehen ist. Jeden Abend wird eine weitere Kerze angezündet, bis am achten Tag alle Kerzen leuchten.

TESTE DEIN WISSEN!

Wie viele Arme hat eine Chanukkia?

a) Sieben
b) Acht
c) Neun

Richtige Antwort: c). Der neunte Arm ist der „Diener", mit dem die acht Kerzen angezündet werden. Er darf natürlich auch brennen.

TRADITIONELLE FESTE

Der
Frühling
kommt!

TAPATI

In der Sprache Rapa Nui, die auf der Osterinsel gesprochen wird, bedeutet „Tapati" übersetzt Woche. Jedes Jahr findet auf der Osterinsel eine besondere Festwoche statt, die genau so heißt: Tapati.

Während dieser Zeit dreht sich auf der Insel alles um sportliche Wettkämpfe. Wer allerdings glaubt, dass es sich bei diesen Wettkämpfen um Weitsprung, Hundertmeterlauf oder Fußball handelt, der liegt weit daneben. Stattdessen müssen die Athleten der Osterinsel ganz spezielle Disziplinen bewältigen: Schwer bepackt laufen sie um einen Vulkankrater herum. Sie jagen mit Schlitten, die sie aus Bananenstauden gebaut haben, steile Berge hinunter. Und sie treten in einem Kanurennen gegeneinander an, das inmitten eines Vulkansees stattfindet. Am Ende dieser Aufgaben haben sie viele blaue Flecken und blutige Wunden.

Das Tapati-Fest wird erst seit knapp fünfzig Jahren gefeiert und es soll an die Vorfahren der Inselbewohner erinnern. Denn auch diese Vorfahren haben jedes Jahr einen ähnlich abenteuerlichen Wettkampf abgehalten: Sie suchten nach dem mutigsten Mann der Insel, um ihn zu ihrem Anführer zu machen.

Dafür mussten die Männer von der Osterinsel zu einer noch kleineren Insel in der Nähe schwimmen – da es im Südpazifischen Meer Haie gibt, war das ziemlich gefährlich! Dort angekommen kletterten die Männer eine dreihundert Meter hohe Klippe hoch, um die Nester einer ganz besonderen Vogelart, der Schwarzen Seeschwalbe, zu finden. Aus einem solchen Nest sollte dann ein Ei geklaut und zurück zur Osterinsel gebracht werden. Nur mussten die Männer mit dem kostbaren Ei erst wieder die Wand herunterklettern und durch das von Haien bewohnte

Meer schwimmen! Und sehr wichtig war auch, das Ei heil abzugeben – und nur wer all diese Strapazen überwunden hatte, wurde Sieger des Wettkampfs. Wer heute beim Tapati-Fest gewinnt, erhält den Titel „Tangata Mau". Er ist jetzt der „Vogelmann".

DIE OSTERINSEL

In der Sprache der Einheimischen heißt die Osterinsel „Rapa Nui". Das bedeutet „Großer Stein", denn die Insel ist eine Vulkaninsel. Sie liegt mitten im Pazifischen Ozean. Fast kein Ort der Welt ist so einsam und abgelegen wie die Osterinsel. Nur etwa 3000 Menschen leben hier. Ihre Vorfahren kamen mit Segelbooten aus Polynesien, einer Inselregion im Pazifik, über das Meer. Heute gehört die Osterinsel zu Chile. Allerdings ist Chile nicht gerade um die Ecke, es liegt viele Tausend Kilometer weit entfernt.

MOAIS

Vor über 600 Jahren stellten die damaligen Bewohner der Osterinsel riesige Statuen aus Stein an den Felsklippen der Insel auf: die sogenannten „Moais". Die Moais (übersetzt aus der Sprache Rapa Nui heißt das Steinfigur) haben lang gezogene Gesichter, spitze Nasen und lange Oberkörper. Sie haben keine Beine und keine Arme. Manche von ihnen besitzen weiße Augen. Aus welchem Grund die Bewohner diese Figuren anfertigten und sie aufstellten, weiß niemand. Es bleibt für immer ein Geheimnis – aber zu besichtigen sind sie bis heute.

GROUNDHOG DAY

In Nordamerika und Kanada zieht sich manchmal der Winter sehr lange hin. Die Menschen fragen sich: Wie lange wird er noch dauern? Wann wird es endlich Frühling? Die Antwort auf diese Frage erhoffen sie sich von einem Murmeltier.

Am Murmeltiertag, der auf Englisch „Groundhog Day" heißt, wird traditionell ein Murmeltier aus seinem Bau gelockt, um eine Wettervorhersage zu treffen. Feierlich gekleidete Männer mit Zylindern auf den Köpfen halten das Murmeltier dann ins Licht. Wenn daraufhin ein Schatten des Nagetiers auf den Boden fällt, dann soll der Winter angeblich noch weitere sechs Wochen anhalten. Ist aber kein Schatten zu sehen, ist der Winter sicherlich bald vorbei.

Diese Art von Wettervorhersage ist natürlich nicht besonders zuverlässig. Denn weißt du, wovon es abhängt, ob ein Gegenstand einen Schatten wirft oder nicht? Es hängt mit dem Stand der Sonne zusammen und ob man sie überhaupt sieht. Für den Murmeltiertag bedeutet das: Scheint an diesem Tag die Sonne, ist es sehr wahrscheinlich, dass das Murmeltier einen Schatten wirft. Ist es bewölkt, wird man wohl keinen Schatten sehen. Die Wettervorhersage des Murmeltiers ist damit ein Orakel, denn es hängt vom Zufall ab, wie sie ausfällt. Die Erfahrung sagt jedenfalls, dass das Murmeltier bislang bei 100 Murmeltiervorhersagen nur 37 Treffer hatte.

Der Groundhog Day findet jedes Jahr am 2. Februar statt und das schon seit 130 Jahren. Der 2. Februar ist gleichzeitig ein katholischer Festtag: Maria Lichtmess. Dies ist der Tag, an dem die Weihnachtszeit für die Christen definitiv zu Ende ist. Die Menschen räumen ihre Weihnachtsbäume und den Christbaumschmuck weg und beobachten, dass der Winter bald vorüber sein wird. Früher gab es in Deutschland die Bauernregel: „Wenn der Dachs zu Maria Lichtmess mittags zwischen 11 und 12 Uhr seinen Schatten sieht, muss er noch vier Wochen in seinem Bau bleiben".

Der Dachs ist wie das Murmeltier ein Winterschläfer und bleibt über den Winter in seinem Bau. Man nimmt an, dass deutsche Einwanderer das Wetterorakel in Amerika eingeführt haben. Weil es dort keine Dachse, sondern nur Murmeltiere gibt, sagt jetzt das Murmeltier das Wetter voraus.

DAS MURMELTIER

Wissenschaftler nennen das kleine Nagetier „Marmota". In Amerika und Kanada hat es viele Namen: Waldmurmeltier („wood chucks"), Pfeifenschwein („whistle pig") und Landbiber („land beaver"). Murmeltiere leben in kleinen Höhlen und Tunneln, die sie in die Erde graben. Dort verbringen sie auch ihren Winterschlaf. Erst wenn es draußen wieder etwas wärmer wird, wachen sie auf und kommen aus ihrem Bau heraus.

ORAKEL

Fällt eine wichtige Frage oder Entscheidung an, befragen viele Menschen ein Orakel (aus dem Lateinischen übersetzt heißt das Göttерspruch). Man wirft beispielsweise eine Münze. Oder man würfelt. Oder man überlegt sich selbst ein Orakel, das man befragen möchte. Ganz schön praktisch: Gefällt dir das Ergebnis nicht, kannst du das Orakel einfach wiederholen.

SAINT PATRICK'S DAY

Der 17. März ist überall in Irland ein Gedenktag. An diesem Tag feiern die Iren ihren Schutzpatron, Bischof Patrick. Er war ein Missionar: Er hat den Iren vom christlichen Glauben erzählt und sie damit zum Christentum bekehrt. Das war vor sehr langer Zeit, nämlich im 5. Jahrhundert nach Christus. Damals gab es noch nicht viele Menschen, die vom Christentum gehört hatten.

Viel wissen wir nicht über den heiligen Patrick. Angeblich wurde er in Wales geboren und lebte zunächst als Bauer. Dann wurde er von keltischen Kriegern verschleppt und sechs Jahre lang in Gefangenschaft gehalten. Glücklicherweise konnte er entkommen und nach Frankreich fliehen. Dort studierte er christliche Theologie an einer Universität. Er wurde Priester und nahm einen lateinischen Namen an. Das war damals so üblich, denn in der Kirche sprachen alle Latein. Er nannte sich also Patricius und wurde Bischof. Eines Tages hörte er der Legende nach Stimmen, die ihm zuflüstern: „Patrick, komm zu uns nach Irland zurück!" Und so kehrte er zurück nach Irland und erzählte den Menschen dort vom Christentum, das er in Frankreich studiert und gelehrt hatte.

Seitdem gibt es viele Geschichten über die großen Taten des heiligen Patrick. Ob sie alle stimmen, wissen wir nicht. Eine Geschichte besagt zum Beispiel, dass er alle giftigen Schlangen aus Irland mit einem großen Stock vertrieben habe – die Schlangen seien vor ihm nach England geflüchtet. Dankbar sind viele Iren ihrem Heiligen noch immer dafür, dass er sie zum Christentum bekehrt hat. Bis heute sind die meisten Iren gläubige katholische Christen.

TESTE DEIN WISSEN!

Welche Pflanze ist das Symbol für Irland?

a) Sonnenblume
b) Kleeblatt
c) Löwenzahn

Richtige Antwort: b). Der heilige Patrick erklärte den Menschen die *Dreifaltigkeit* im Christentum anhand eines Kleeblattes. Deswegen ist das Kleeblatt zum Symbol für Irland geworden.

Am Saint Patrick‘s Day („saint“ bedeutet heilig auf Englisch) wird in Irland zur Feier des Tages alles grün: Häuser und Kirchen werden mit grünem Licht angestrahlt, sogar die Flüsse werden grün gefärbt, was leider nicht so gut für die Umwelt ist. Die Menschen ziehen für Straßenumzüge und Paraden grüne Kleidung an und in den Kneipen gibt es sogar grünes Bier. Warum ausgerechnet grün? Ganz einfach: weil in Irland aufgrund des vielen Regens die Wiesen, Felder und Bäume so unglaublich grün sind. Irland wird auch gerne die „Grüne Insel“ genannt.

DIE IRISCHE HUNGERSNOT

Vor 200 Jahren sind viele Iren in andere Länder ausgewandert: nach Amerika, nach England, nach Kanada und nach Australien. Damals gab es in Irland nämlich eine große Hungersnot, da viele Kartoffelfelder von einem Pilz befallen wurden und somit die Kartoffeln nicht mehr essbar waren. Die Kartoffel war das Hauptnahrungsmittel der Iren. Weil damals so viele Iren ausgewandert sind, leben heute viele Menschen mit irischen Vorfahren überall auf der Welt.

ULUSAL EGEMENLIK VE ÇOCUK BAYRAMI

Der 23. April ist ein besonderer Tag für alle türkischen Kinder, egal ob sie in der Türkei, Deutschland oder anderswo leben. Hinter dem komplizierten Namen „Ulusal Egemenlik ve Çocuk Bayramı" verbirgt sich nämlich ein Tag zu Ehren aller Kinder.

Vor ungefähr einhundert Jahren, am 23. April 1920, gründete Mustafa Kemal Atatürk das türkische Parlament und führte auch einen Kindertag ein. Atatürk wollte damit daran erinnern, dass alle Kinder irgendwann zu Erwachsenen werden – und wenn Menschen als Kinder viel Liebe und Wertschätzung erfahren, werden sie hoffentlich später glückliche und zufriedene Erwachsene. Sie werden lieber im Frieden als im Krieg leben wollen und alles dafür tun, dass ein friedliches Zusammenleben der Menschen möglich ist. Atatürk war sich deshalb ganz sicher: „Unsere Kinder sind unsere Zukunft". Er sagte das damals natürlich auf Türkisch: „Çocuklarımız geleceğimizdir".

Die Türkei ist das erste Land, das sich den Kindertag ausgedacht hat. Jedes Jahr am 23. April sind in der Türkei alle öffentlichen Gebäude und auch die Schulen geschlossen. In der Türkei ist der Kindertag nämlich ein richtiger Feiertag. Alle ziehen sich festlich an. Überall in den Städten gibt es zahlreiche Kinderveranstaltungen: Tanzaufführungen, Theaterstücke für Kinder und Sportwettkämpfe – eigentlich alles, was Kindern Spaß macht! Ziel ist es, dass die Kinder etwas Schönes miteinander erleben. Auch solche, die sich vorher noch nie begegnet sind. Denn auch Kinder, die eine unterschiedliche Sprache sprechen oder verschiedenen Religionen angehören, sollen sich besser kennenlernen.

Worauf sich aber die Kinder am meisten freuen ist, dass sie am 23. April einmal in die Rolle der Erwachsenen schlüpfen dürfen. So sitzt an diesem Tag nicht der Bürgermeister im Rathaus, sondern ein Kind, das dessen Arbeit macht! Alle sollen einmal ausprobieren, wie es wäre, wenn auf einmal die Kinder die Macht hätten. Auch in Deutschland wird Çocuk Bayramı gefeiert: in Berlin am Brandenburger Tor gibt es jedes Jahr ein kleines Festprogramm. Zur Schule müssen die türkischen Kinder in Deutschland an diesem Tag aber trotzdem.

MUSTAFA KEMAL ATATÜRK (1881-1938)

Im Jahr 1923 wurde die Republik Türkei gegründet und Atatürk war ihr erster Präsident. Die Türkei gehörte lange zum Osmanischen Reich, zu dem viele verschiedene Provinzen und Länder gehörten. Weil Mustafa Kemal Atatürk versuchte, die Türkei zu einem modernen Land zu machen, wurde er sehr verehrt. Er hat zum Beispiel das arabische Alphabet durch das lateinische Alphabet ersetzt. Aus diesem Grund hat die türkische Sprache heute lateinische Buchstaben.

Der Nachname „Atatürk" bedeutet übrigens „Vater der Türken". Mit diesem Namen ist der Präsident allerdings nicht geboren worden, er hat ihn erst im Alter von 53 Jahren per Gesetz erhalten.

NATIONAL SORRY DAY

Manchmal gibt es Feste mit einem traurigen Anlass. Diese Gedenktage sollen an etwas erinnern, damit es nie wieder passiert. Ein solcher Tag ist in Australien der 26. Mai. Vor zwanzig Jahren haben die Australier ihn zum „National Sorry Day" erklärt und seitdem findet er jedes Jahr statt. Am 26. Mai wollen sich die Australier daran erinnern, dass sie vielen Menschen in ihrem Land Unrecht getan haben: Der National Sorry Day ist der Tag, an dem sie die Aboriginals um Entschuldigung bitten.

Dahinter verbirgt sich eine lange, traurige Geschichte: Als vor mehr als 200 Jahren Auswanderer aus Europa nach Australien kamen, war das Land nicht unbewohnt. Die Aboriginals lebten schon seit fast 50.000 Jahren in Australien. Über diese vielen Tausend Jahre hinweg haben sie Kunst und Traditionen an ihre Nachfahren weitergegeben. Eine der Traditionen ist beispielsweise, dass sie das Land, auf dem sie leben, nicht als ihren Besitz ansehen. Das hat es den neuen Bewohnern aus Europa sehr leicht gemacht, sich das Land der Aboriginals einfach anzueignen. Viele Aboriginals verloren dadurch ihr Zu Hause.

Und es passierte noch etwas Schlimmeres: Die neuen Bewohner holten sich einfach Kinder aus Aboriginal-Familien, damit diese entweder in christlichen Heimen oder bei ihnen aufwuchsen. Auf diese Weise sollten sie zu „richtigen" Australiern erzogen werden. In den Jahren 1920 bis 1969 wurden so insgesamt 35.000 Aboriginal-Kinder gestohlen. Das sind so viele Kinder, dass man von einer ganzen gestohlenen Generation (auf Englisch „stolen generation") spricht. Selbst als Erwachsene suchen viele von ihnen immer noch verzweifelt nach ihren eigentlichen Familien und Eltern.

Inzwischen können sich die neuen Australier vorstellen, wie schlimm das für die Betroffenen gewesen sein muss und noch immer ist. Deshalb beschloss die australische Menschenrechtskommission, die Aboriginals mit einem Feiertag offiziell um Entschuldigung zu bitten.

ABORIGINAL

Das englische Wort „aboriginal“ heißt übersetzt Ureinwohner. Aboriginals gibt es genaugenommen also nicht nur in Australien, sondern überall. Als die Europäer vor mehr als 200 Jahren nach Australien kamen, nannten sie die Menschen, die sie dort antrafen „Aborigines“, obwohl diese kein einheitliches Volk sind. Stattdessen gibt es viele unterschiedliche Gruppen, Traditionen und Sprachen. Sich selbst nennen die Aboriginals bei ihren eigenen Namen, beispielsweise „Koori“, „Anangu“ oder „Tiwi“. Die Bezeichnung „Aborigines“ empfinden Aboriginals als abwertend, benutze also besser das Wort „Aboriginal“!

AUSTRALIEN

Der australische Kontinent liegt auf der Südhalbkugel der Erde. Der Name Australien kommt vom lateinischen „terra australis“ und bedeutet „südliches Land“. Es gibt viele große Städte wie Canberra und Sydney, aber auch einsame Gegenden mit Wüste und Regenwald wie das sogenannte „Outback“ (übersetzt: Hinterland). Insgesamt wohnen 34 Millionen Menschen in Australien. Und hier leben übrigens auch Tiere, die es auf keinem anderen Kontinent gibt: Kängurus, Koalas und Schnabeltiere.

FÊTE NATIONALE

Am 14. Juli feiern die Franzosen ihren Nationalfeiertag, Fête Nationale. Dieser Tag erinnert an den Sturm auf die Bastille im Jahr 1789, den Volksaufstand der Franzosen. Er wird häufig als Beginn der Französischen Revolution gesehen. 1789 ging es den meisten Franzosen sehr schlecht. In diesem Jahr fiel die Ernte sehr dürftig aus und viele Menschen mussten Hunger leiden. Die armen Arbeiter und Bauern hatten aber trotzdem hohe Steuern an den König zu zahlen. Der wiederum finanzierte sich damit ein schönes Luxusleben. Auch alle anderen Adeligen ließen es sich ziemlich gut gehen. Das Volk war deshalb so wütend auf den König, dass es sich zu einem Aufstand zusammentat und aus Protest die Bastille stürmte – ein Gefängnis in der Nähe der französischen Hauptstadt Paris – und dort die Gefangenen befreite.

Dies bewirkte unter anderem, dass wenig später in einer Nationalversammlung festgelegt wurde, dass alle Menschen die gleichen Rechte haben. Der König und die Adeligen sollten von nun an nicht mehr über das Volk bestimmen dürfen.

Ein Jahr später, zum Gedenken an den Sturm auf die Bastille, feierten die Franzosen ein gigantisches Versöhnungsfest. Der König sollte an diesem Tag schwören, dass er sich an die neuen Gesetze halten würde, und das Volk zeigte dem König, dass es ihn trotzdem als König anerkennen würde. Es gab Paraden, der König leistete vor allen Zuschauern einen Eid und die Menschen riefen: „Wir sind frei! Wir sind Brüder!“ Alle umarmten sich und waren froh.

Seit diesem Tag feiern die Franzosen den 14. Juli jedes Jahr mit Paraden und Umzügen. Tausende von Zuschauern versammeln sich in der Hauptstadt Paris und schauen dabei zu, wie Soldaten über die berühmte Straße Champs-Élysées marschieren und den Präsidenten begrüßen. Selbstverständlich ist an dem Tag keine Schule und die Geschäfte haben geschlossen. Ein Höhepunkt des Festes ist ein Flug von mehreren Militärflugzeugen, die farbigen Rauch über der Stadt ablassen – genau in den Farben der französischen Flagge: Blau, Weiß und Rot. Abends gibt es ein Feuerwerk über dem Eiffelturm, das du von jedem Ort der Stadt aus am Himmel bewundern kannst.

KÖNIG LUDWIG XVI. UND MARIE-ANTOINETTE

König Ludwig XVI. regierte Frankreich während der Französischen Revolution. Er war mit Marie-Antoinette verheiratet. Beide liebten Luxus. Sie liebten Delikatessen und teure Kleider. Marie Antoinette verspielte außerdem sehr viel Geld beim Kartenspiel. Und das Volk? Das hungerte. Brot war damals so teuer, dass es sich nur wenige Menschen leisten konnten. Berühmt wurde Marie-Antoinette mit dem Satz: „Wenn sie kein Brot haben, sollen sie doch Kuchen essen!“ Ob sie das wirklich so gesagt hat, wissen wir nicht. Aber für die Sorgen des Volkes hatte sie ganz bestimmt kein Verständnis. Jedenfalls zwang das Volk während der Revolution das Königspaar, seinen egoistischen Lebensstil aufzugeben, und forderte gleiche Rechte für alle. Der König stand daraufhin lange unter Beobachtung seines Volkes. Weil er sich nicht an alle Abmachungen hielt, wurde er zum Tode verurteilt. Wenig später auch Marie-Antoinette.

RAKSHA BANDHAN

Einmal im Jahr, immer am letzten Tag des indischen Monats Shravan, ist in Indien Geschwistertag. Der Tag heißt „Raksha Bandhan". „Raksha" bedeutet auf Sanskrit Fürsorge und „Bandhan" Verbindung.

An diesem besonderen Tag binden alle Schwestern ihren Brüdern ein „Rakhi" um das Handgelenk, ein Armband. Dieses Armband soll die Brüder beschützen und ihnen jede Menge Glück bringen. Es soll sie aber auch daran erinnern, dass sie eine oder mehrere Schwestern haben und dass sie sich um sie kümmern sollen. In Indien ist es nämlich üblich, dass die Brüder für ihre Schwestern viel Verantwortung übernehmen. Wenn ein Mädchen beispielsweise etwas bedrückt und es sich nicht traut, direkt mit seinen Eltern über seinen Kummer zu sprechen, vermittelt der Bruder zwischen den Eltern und seiner Schwester.

Kein Bruder in Indien geht an diesem Tag leer aus: Wenn er nicht mehr in der Nähe der Schwester wohnt, dann bekommt er das Armband mit der Post geschickt. Und wer gar keine Schwester hat, bekommt auch Armbänder von befreundeten Mädchen: als ein Freund, der wie ein Bruder ist.

RAKHI

Das Glück bringende Armband, das die Mädchen ihren Brüdern um das Handgelenk binden, ist selbst gemacht: Es wird aus bunten Seidenfäden geflochten oder geknüpft. Bindet ein Mädchen oder eine Frau ihrem Bruder das Armband um, spricht sie dazu noch einen kleinen Segensspruch. Nur so bringt es auch wirklich Glück und hält alles Böse von ihm fern. Der Bruder trägt das Band am rechten Handgelenk und legt es so lange nicht ab, bis es von selbst abfällt. Das kann mehrere Wochen dauern.

INDIEN

Indien ist ein Staat in Südasien. Es ist nach China das Land auf der Welt mit den meisten Bewohnern: mehr als 1,3 Milliarden Menschen leben dort. Die meisten Inder sind Hindus. Aber es gibt in Indien auch Christen und Menschen mit muslimischem Glauben. In Indien sprechen die Menschen Hindi und Englisch. Daneben gibt es aber noch sehr viele andere Sprachen, abhängig von der jeweiligen Region. Indien ist für die meisten Europäer faszinierend, vor allem wegen seiner Vielfalt an Gewürzen, bunten Stoffen und beeindruckenden *Tempelanlagen*.

TAG DER DEUTSCHEN EINHEIT

Zwischen den Jahren 1949 und 1990 war Deutschland in zwei Teile geteilt: in die Bundesrepublik Deutschland (BRD) und die Deutsche Demokratische Republik (DDR). In beiden Teilen hatten die Politiker sehr unterschiedliche Ansichten darüber, wie ein Land regiert werden sollte. Das führte so weit, dass die DDR ihre Grenze zur BRD sehr streng abriegelte.

Es war nicht mehr möglich, einfach so aus der DDR in das andere Deutschland zu fahren, um zum Beispiel seine Verwandten zu besuchen. Durch Berlin wurde sogar eine Mauer gebaut, die ständig von Soldaten bewacht wurde, damit niemand rüberkletterte. Wer es trotzdem versuchte, wurde erschossen.

Die Bewohner der DDR durften nicht nur ihr Land nicht mehr verlassen, sie sollten auch alle die gleiche Meinung wie die Regierung haben. Dafür wurden auch sie sehr streng bewacht. Das sogenannte „Ministerium für Staatssicherheit" ist auch unter der Abkürzung „Stasi" bekannt und hat die Menschen heimlich ausspioniert.

So wollte niemand leben. Im Sommer 1989 versuchten deswegen viele Menschen die DDR zu verlassen. Sie flohen über Ungarn und Österreich, um von dort in die BRD zu gelangen. Viele andere Menschen gingen auf die Straße und demonstrierten für mehr Freiheit. Am Anfang konnten sie sich nicht sicher sein, ob sie dafür nicht im Gefängnis landen würden. Aber dann trauten sich immer mehr, und so demonstrierten die Menschen in Leipzig irgendwann jeden Montagabend für mehr Freiheit und für die Öffnung der Grenze.

Am 9. November 1989 passierte es dann wirklich: Die Grenzen in Ostberlin wurden geöffnet und endlich konnte jeder einfach so das Land verlassen. Die Menschen konnten es kaum glauben.

Seit dem 9. November 1990 gibt es keine DDR mehr. Alle Bundesländer, die Teil der DDR waren, gehören nun zur Bundesrepublik. Aus diesem Grund heißen sie heute „neue Bundesländer". Der Tag der Wiedervereinigung ist ein sehr wichtiger Tag in Deutschland und wird immer am 3. Oktober gefeiert: mit öffentlichen Vorträgen und Filmen zur Geschichte Deutschlands, Gedenkgottesdiensten und Partys am Brandenburger Tor in Berlin. Außerdem ist der 3. Oktober ein schulfreier Tag, an dem auch die Geschäfte geschlossen bleiben. An diesem Tag sollen sich alle an die Geschichte erinnern.

DIE BERLINER MAUER

Die Grenze, die Deutschland zwischen 1961 und 1989 in zwei Länder teilte, war 1378 Kilometer lang. Durch Berlin verlief eine Mauer mit Stacheldraht und teilte die Stadt in zwei Hälften: In Ost- und Westberlin. Von manchen Häusern aus konnten die Menschen sogar in den anderen Teil rüberschauen, aber besuchen durften sie sich nicht. Die Berliner Mauer war über 160 Kilometer lang und 3,6 Meter hoch. Soldaten passten immer auf, dass niemand rüberkletterte. Wenn sie jemanden erwischten, schossen sie. Über 200 Menschen starben an der Berliner Mauer bei dem Versuch, die DDR zu verlassen.

POPPY DAY

Wer im November in Großbritannien durch die Straßen läuft, der sieht sie als Aufkleber auf Taxis und Bussen, auf Plakaten und als Graffiti auf Mauern: die rote Klatschmohnblume. Viele Leute in Großbritannien tragen in diesen Tagen eine rote Mohnblume aus Papier als Anstecknadel am Mantelkragen. Der 11. November ist nämlich der „Poppy Day“ in Großbritannien – das englische Wort für Klatschmohnblume ist „Poppy“. Er heißt auch „Remembrance Day“, übersetzt ist das der „Tag der Erinnerung“.

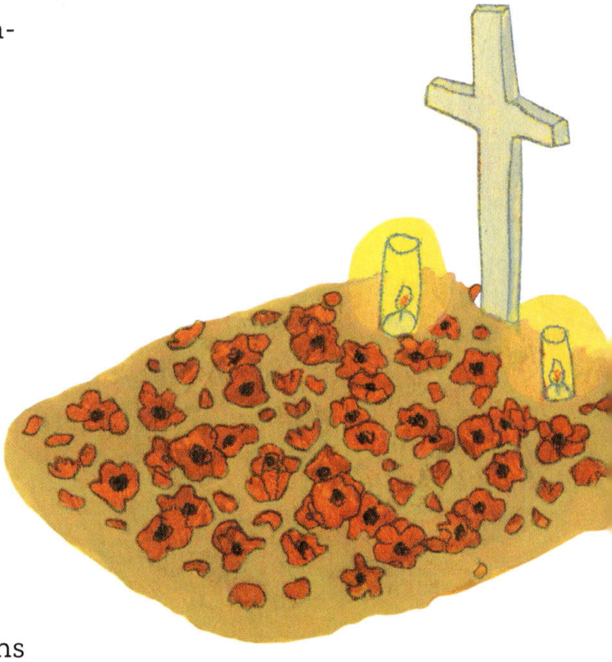

Erinnern möchten sich die Menschen an diejenigen, die während des Ersten Weltkrieges gestorben sind. Dieser Krieg war vor einhundert Jahren. Damals hatte Großbritannien einen König: König George, der Fünfte. Er führte genau ein Jahr nach Kriegsende, am 11. November 1919, den Gedenktag in allen Ländern Großbritanniens ein. Denn viele Menschen wurden auch nach Ende des Krieges immerzu an diese schreckliche Zeit erinnert. Etliche von ihnen waren stark verletzt, sie haben zum Beispiel Arme oder Beine verloren. Andere hatten immer noch ganz schlimme Erinnerungen an die Zeit, in der sie kämpfen mussten und weit weg von ihrer Heimat und Familie waren. Und fast jede Familie hatte Angehörige, die im Krieg gestorben waren.

DER ERSTE WELTKRIEG (28.7.1914-11.11.1918)

Es fing damit an, dass Österreich-Ungarn im Juli 1914 Serbien den Krieg erklärte. Kurze Zeit später kämpften immer mehr Länder gegeneinander, einige Staaten verbündeten sich auch gemeinsam gegen andere. Aber eigentlich traute kein Staat dem anderen mehr, denn jeder wollte der mächtigste sein. An diesem Krieg waren viele Länder beteiligt: Deutschland, Österreich-Ungarn, Russland, Frankreich und Großbritannien, später auch Amerika und das Osmanische Reich (die heutige Türkei). Deswegen nennen wir diesen Krieg „Weltkrieg“. Insgesamt starben dabei 20 Millionen Menschen. Viele wurden sehr schwer verletzt und konnten auch nach Kriegsende nie wieder ein normales Leben führen.

Damit so ein schlimmer Krieg nie wieder passiert, sollen sich die Menschen an ihn erinnern. So legen die Briten jedes Jahr am 11. November in einer feierlichen Zeremonie Kränze mit roten Mohnblumen an die Gräber der im Krieg Verstorbenen. Auch Personen des öffentlichen Lebens wie beispielsweise Fußballspieler, Schauspieler und Angehörige des britischen Königshauses tragen während dieser Zeit „Poppies“ an ihrer Kleidung.

GROSSBRITANNIEN

Für Großbritannien gibt es noch weitere Namen: Vereinigtes Königreich oder auf Englisch „United Kingdom of Great Britain and Northern Ireland“. Großbritannien ist der größte Inselstaat Europas und besteht aus England, Wales, Schottland und Nordirland. Großbritannien hat zwar im Moment eine Königin, aber immer auch eine Premierministerin oder einen Premierminister. Das nennt man übrigens parlamentarische Monarchie: Der Minister regiert das Land, die Königin repräsentiert.

TESTE DEIN WISSEN!

Warum erinnert eine Mohnblume an die Toten des Krieges?

a) Weil damals auf den vielen Gräbern nach dem Krieg als Erstes wieder frische Mohnblumen wuchsen
b) Weil die Farbe Rot an das im Krieg vergossene Blut erinnert
c) Weil es die Lieblingsblume von König George V. war

Richtige Antwort: a)

DÍA DE LOS MUERTOS

Der „Tag der Toten“ ist in Mexiko der wichtigste Feiertag im Jahr. Er findet immer zwischen dem 31. Oktober und dem 2. November statt. An diesem Tag feiern die Mexikaner ihre Liebe zu den verstorbenen Verwandten. Sie finden nämlich, dass es den Toten gegenüber respektlos und unfair ist, den Tod zu betrauern und ihn als etwas Schlimmes anzusehen. Schließlich sterben wir doch alle irgendwann! In Mexiko ist daher der Tag der Toten ein fröhliches Fest. In der Vorstellung der Mexikaner kommen die Toten für einen Tag aus dem Jenseits zu Besuch. Das Wiedersehen mit den Lebenden muss gefeiert werden!

Die Vorbereitungen für den Tag beginnen schon zwei Wochen vorher. Die Menschen schmücken Häuser und Straßen mit bunten Blumen. In den Schaufenstern der Geschäfte siehst du jetzt „Calacas“ und „Calaveras“: Skelette und Totenschädel aus Pappmaschee, Gips oder Zuckerguss. Du kannst sogar Zuckerschädel und Totenköpfe aus Schokolade oder Marzipan kaufen, die heißen dann „Calavera dulce“.

In jedem Haus steht ein geschmückter Totenaltar und überall streuen die Menschen bunte Blumen auf den Weg. Man sagt, dass die Toten den Weg aus dem Jenseits zu ihren Verwandten leichter finden, wenn sie die gelben und orangefarbenen Blumen sehen. Die Lebenden verkleiden sich auch – als Skelette. Sie bemalen ihre Gesichter wie Totenschädel. Mit Musik und Tanz ziehen sie dann durch die Straßen.

In den mexikanischen Wohnungen findest du zum Tag der Toten kleine Altäre, sogenannte „Ofrendas“. Die dort aufgestellten Fotos der Verstorbenen sollen an die gemeinsame Zeit im Leben erinnern. Da man glaubt, dass die Reise aus dem Jenseits für die Toten sehr anstrengend war, richten die Lebenden auch leckere Speisen und Getränke für sie zur Begrüßung her.

Am Abend feiern die Menschen gemeinsam auf dem Friedhof, meistens mit einem großen Familienpicknick. Dazu gehört auch das „Pan de Muerto“, das „Totenbrot“. Am Ende des Tages nehmen alle voneinander Abschied und freuen sich auf das Wiedersehen im nächsten Jahr.

UNESCO-WELTKULTURERBE

Die Aufgabe der internationalen Vereinigung UNESCO ist es, einen Ort oder ein Denkmal zu schützen und damit für die nachkommenden Menschen zu erhalten. Sie kann Orte zum „Weltkulturerbe“ oder „Weltnaturerbe“ erklären und einen Plan zum Schutz und Erhalt dieses Ortes erstellen. Im Jahr 2003 wurde der Día de los Muertos von der UNESCO zum Erbe der Menschheit erklärt.

CALAVERA CATRINA

Die Catrina ist eine schicke Dame in einem engen, langen Kleid und mit einem eleganten französischen Hut auf dem Kopf. Sie trägt eine Blumenkette um den Hals. Und: Sie ist ein Skelett! Eine „Calavera“. Seit siebzig Jahren ist Catrina das Symbol für den Día de los muertos. Das hat sie dem Künstler Diego Rivera zu verdanken, der gab ihr den Spitznamen Catrina. Ausgedacht hat sie sich aber schon einige Jahre vorher ein anderer Künstler: José Guadalupe Posada.

INTERNATIONALE FESTE

SCHÜTZT
UNSERE
ERDE!

WELTKINDERTAG

Einmal im Jahr feiern Kinder und Erwachsene den Weltkindertag. An diesem Tag sollen die Erwachsenen daran erinnert werden, dass sie Kinder gut behandeln. Die Kinder sollen daran erinnert werden, dass sie Rechte haben. Sie haben beispielsweise das Recht darauf, eine Schule zu besuchen. Das ist nicht selbstverständlich. In manchen Ländern müssen Kinder schon arbeiten gehen, zum Beispiel in Bergwerken oder Fabriken – oft müssen sie das tun, weil ihre Eltern viel zu wenig Geld zum Leben haben.

Erwachsene müssen Kinder beschützen und gut für sie sorgen. Auch das zählt zu den Kinderrechten. Leider wachsen viele Kinder in Armut auf und niemand kümmert sich um sie. Manche Kinder leben sogar in Ländern, in denen Krieg herrscht. Täglich haben sie Angst davor, den Krieg nicht zu überleben, oder sie leiden Hunger und frieren. Wenn sie krank sind und sich unwohl fühlen, ist vielleicht kein Arzt und auch sonst niemand da, der ihnen hilft.

Damit sich alle Erwachsenen Gedanken um die Kinder auf dieser Welt machen und die Bedürfnisse der Kinder wahrnehmen, haben die Vereinten Nationen den Weltkindertag erfunden. Nicht in jedem Land feiern die Menschen den Weltkindertag am selben Tag: In Deutschland und Österreich ist der Kindertag immer am 20. September. In China, in den USA und in vielen osteuropäischen Ländern findet der Kindertag am 1. Juni statt.

KINDERRECHTE

Kennst du deine Kinderrechte? Hier die wichtigsten:

Alle Kinder sollen gleich behandelt werden, egal ob Junge oder Mädchen, egal welche Hautfarbe sie haben, welche Sprache sie sprechen oder welcher Religion sie angehören.

Jedes Kind hat ein Recht auf Privatsphäre. Niemand darf also einfach die Post oder die Tagebücher von Kindern lesen. Auch nicht die Eltern.

Kinder haben das Recht auf eine eigene Meinung. Die können sie sich dann bilden, wenn sie Zugang zu Büchern, Zeitungen, Radio, Fernsehen und zum Internet haben.

Kinder haben das Recht auf Bildung. Alle Kinder sollten zur Schule gehen können. Genauso haben Kinder aber auch das Recht zu spielen, Sport zu treiben, Freunde zu treffen und sich zu erholen.

Kinder haben das Recht auf Schutz vor Gewalt, Missbrauch und Ausbeutung. Kinder haben das Recht, gesund zu leben und keine Not zu leiden.

Kinder mit Behinderungen haben das Recht auf besondere Unterstützung.

Alle Kinder haben auch das Recht, dass ihre Eltern für sie da sind und sie liebevoll und respektvoll behandeln. Eltern dürfen ihren Kindern keine Gewalt zufügen.

Jedes Kind hat ein Recht zu wissen, in welchem Land es lebt und wer seine Eltern sind. Kinder haben das Recht, Kontakt zu Vater und Mutter und allen Verwandten zu haben.

MUTTERTAG

Alle Kinder kennen den Muttertag. Das ist der Tag, an dem wir unserer Mama eine Freude machen wollen. Wir malen ein schönes Bild, basteln eine Karte, pflücken ihr ein paar Blumen und vielleicht bringen wir ihr auch das Frühstück ans Bett. Denn wir alle vermuten oder wissen: Mama sein ist ganz schön anstrengend. Damit sich die Kinder um die Mama kümmern können und nicht zur Schule müssen, ist der Muttertag immer am zweiten Sonntag im Mai.

Doch der Muttertag war nicht immer beliebt. Nach dem Zweiten Weltkrieg wurde er in Deutschland abgeschafft, weil man ihn für eine Erfindung der Nationalsozialisten hielt. Dabei ist die eigentliche Erfinderin des Muttertags die amerikanische Lehrerin Anna Jarvis, die 1905, am Todestag ihrer eigenen Mutter, diesen Tag zum Ehrentag aller Mütter erklärte. Dem Berliner Floristen Max Hübner gefiel das. Er hielt den Muttertag für eine super Idee und versuchte, ihn als offiziellen Feiertag einzuführen. Er gründete das Blumenversand-Unternehmen „Fleurop“. Ab sofort konnte jeder zum Muttertag Blumen über Fleurop an seine Mutter verschicken.

In der Bundesrepublik Deutschland wurde der Muttertag nach kurzer Unterbrechung in den 1950er-Jahren wieder eingeführt. In der DDR hingegen, dem anderen Teil Deutschlands, feierten die Menschen stattdessen den „Internationalen Frauentag“ am 8. März. Der Frauentag wurde zu einer Zeit erfunden, als Frauen noch nicht wählen durften. Mit dem Frauentag forderten die Frauen in Dänemark, Deutschland und Österreich ein Frauenwahlrecht. Heute ist der Frauentag in vielen Ländern der Welt ein gesetzlicher Feiertag.

VALENTINSTAG

Viele Menschen meinen, der Valentinstag am 14. Februar sei nur eine Erfindung der Blumenhändler. Das stimmt aber gar nicht. Dieser Tag, der kein richtiger Feiertag ist, geht auf den heiligen Valentin zurück. Angeblich lebte Valentin während der römischen Kaiserzeit im italienischen Rom und tat dort etwas, das damals sehr verboten war: Er verheiratete Verliebte nach christlicher Tradition – also wie ein christlicher Priester. Eigentlich war das im heidnischen Rom verboten. Weil sich Valentin nicht an dieses Verbot hielt, ärgerte das den damaligen Kaiser Claudius II. so sehr, dass er Valentin zum Tode verurteilte. Valentin wurde am 14. Februar 269 in Rom hingerichtet. 200 Jahre später wurde Valentin heiliggesprochen: Jetzt hieß er „heiliger Valentin".

Heute ist der Valentinstag vor allem in Amerika und England sehr beliebt. Hier ist es üblich, eine Valentinskarte an die Person zu schicken, in die man heimlich verliebt ist. Am Valentinstag hast du also die Gelegenheit, deine Liebe zu offenbaren: mit einer Karte und Blumen.

In England ist es sogar üblich, den Absender einfach wegzulassen. Da können die Beschenkten nur mutmaßen, von wem die Karten oder Blumen kommen. Wer ist es wohl, der heimlich in einen verliebt ist? Das macht es natürlich noch viel spannender! Inzwischen gibt es auch Wettbewerbe unter den englischen Jugendlichen, wer die meisten Valentinskarten bekommt. Es soll sogar Leute geben, die sich selbst Karten zum Valentinstag schreiben. Warum nicht?

EARTH DAY

Am 22. April findet der größte internationale Feiertag statt: der „Earth Day". „Earth" ist Englisch und heißt Erde. „Day" bedeutet Tag. Der Earth Day ist also der „Tag der Erde". An diesem Tag sollen sich die Menschen daran erinnern, die Erde zu schützen und gut mit ihr umzugehen. So sollen sie beispielsweise darüber nachdenken, wie sie Umweltverschmutzung vermeiden können. Sie sollen sich Gedanken darüber machen, wie sie dafür sorgen können, dass wir sauberes Wasser und saubere Luft haben und kein Plastik in den Ozeanen landet.

Natürlich sollten wir jeden Tag darüber nachdenken und die Umwelt schützen. Aber manchmal ist es auch hilfreich, sich einen Tag auszusuchen, an dem man besonders stark daran denkt, dass es unsere Erde nur einmal gibt und wir sie gut behandeln müssen. Am Earth Day finden deswegen viele Aktionen in über 150 Ländern der Erde zum Thema Umweltschutz statt.

Die Idee, einen solchen Aktionstag festzulegen, stammt von dem amerikanischen Friedensaktivisten John McConnell. Er schlug im Jahr 1969 der UNESCO (siehe Seite 111) den Earth Day vor. So fand der erste Aktionstag im Jahr 1970 statt. Etwa zur selben Zeit hatte auch der amerikanische Politiker Gaylord Nelson die Idee, immer am 22. April einen Umweltaktionstag zu veranstalten, damit sich die Menschen Gedanken darüber machen, was sie an Dingen zum Leben wirklich brauchen und wie sie es vermeiden können, Sachen zu kaufen, die sie später sowieso wieder wegschmeißen. Beide Aktionstage wurden zu einem Tag zusammengelegt: zum Earth Day am 22. April.

Heute gibt es an jedem Earth Day ein bestimmtes Motto, mit dem sich die Menschen näher beschäftigen sollen. Das kann beispielsweise die Rettung von bestimmten Tieren und Pflanzen sein, der Klimaschutz oder der Schutz unseres Trinkwassers.

Viele Wissenschaftler beteiligen sich an den Aktionen und auch Schulen und Vereine und Medien wie das Fernsehen oder Zeitungen machen mit. Aber auch du selbst kannst etwas bewegen. Informiere dich über Aktionen in deiner Stadt oder überleg dir selbst welche!

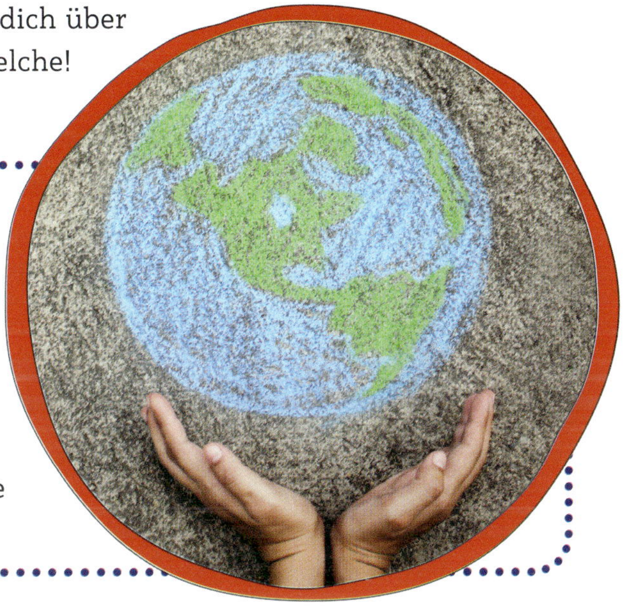

DIE ERDE

Unsere Erde ist ein Planet in unserem Sonnensystem. Wir schätzen ihr Alter auf 4,6 Milliarden Jahre. Sie hat einen Durchmesser von 12.700 Kilometern. Zu zwei Dritteln besteht die Erde aus Wasser. Vom Weltall aus gesehen sieht sie daher sehr blau aus. Aus diesem Grund nennen wir unsere Erde auch „der blaue Planet“.

FRIDAYS FOR FUTURE

An einem Freitag im August 2018 beschloss das schwedische Mädchen Greta Thunberg, nicht zur Schule zu gehen, sondern sich lieber vor das schwedische Parlament zu setzen. In der Hand hatte sie ein Schild aus Pappe, auf dem stand: „skolstreijk för klimatet“. Das ist Schwedisch und heißt: „Schulstreik für das Klima“. Mit dieser Aktion forderte sie von den Politikern sofortige Maßnahmen zum Klimaschutz und zur Rettung unserer Erde ein. Viele Kinder auf der ganzen Welt wurden darauf aufmerksam. Weltweit schlossen sich sehr viele Schüler an und demonstrieren seitdem an Freitagen für den Klimaschutz. Diese Freitage nennen sie „Fridays for Future“ – Freitage für die Zukunft.

FUSSBALL-WELTMEISTERSCHAFT

Die Fußballweltmeisterschaft wird auch mit „WM“ abgekürzt und ist ein internationales Sportturnier, das alle vier Jahre stattfindet. Mannschaften aus vielen verschiedenen Ländern treten gegeneinander zum Fußballspielen an. Am Ende soll die beste Fußballmannschaft gewinnen: Nur sie bekommt den Pokal und darf ihn bis zur nächsten Weltmeisterschaft behalten. Es gibt eine Weltmeisterschaft, für die nur Frauen Fußball spielen, und eine Weltmeisterschaft nur für Männer. Beide Weltmeisterschaften finden aber in unterschiedlichen Jahren und an unterschiedlichen Orten statt. Die WM, bei der die meisten Menschen mitfiebern und feiern, ist die Männer-WM. Aber vielleicht ändert sich das ja eines Tages.

Nicht jedes Land nimmt an der WM teil, dafür gibt es einfach zu viele. Aus diesem Grund finden schon Wettbewerbe vor der WM statt, bei denen sich die besten Nationalmannschaften eines Kontinentes qualifizieren können. Die Gewinner dieses Vor-Wettbewerbs dürfen dann später bei der WM mitspielen. Jeder Kontinent darf außerdem nur eine bestimmte Anzahl von Mannschaften zur WM schicken. Die meisten Mannschaften kommen aus Europa, weil es hier die meisten gibt.

Die erste richtige WM fand übrigens im Jahr 1930 in Uruguay statt. Während des Zweiten Weltkrieges (1939–1945) fand aber keine WM statt, da hatten die Menschen andere Sorgen. Nach dem Krieg gab es erst 1950 wieder eine Weltmeisterschaft. Seitdem hat sich die WM zu einem großen Sportfest entwickelt, bei dem Erwachsene und Kinder für ihre Mannschaft fiebern. Die Spiele werden im Fernsehen übertragen, sodass alle Menschen auf der Welt die Spiele mitverfolgen können. Während der WM malen Fans sich Länderflaggen ins Gesicht und ziehen sich die Sporttrikots ihrer Lieblingsmannschaft an. Und wenn diese verliert und ausscheidet, fließen manchmal auch viele Tränen.

FIFA

Der Verband, der die WM organisiert, ist die FIFA. Das ist die Abkürzung für „Fédération Internationale de Football Association“. In Deutschland heißt er einfach nur „Weltfußballverband“. Die Büros der FIFA befinden sich in Zürich in der Schweiz.

PUBLIC VIEWING

Das englische Wort „public“ heißt öffentlich und „viewing“ bedeutet anschauen. Mit „Public Viewing“ ist in Deutschland das gemeinsame Schauen von Sportveranstaltungen auf einem großen Fernseher oder einer Leinwand gemeint. Das kann entweder in einer Kneipe oder auf dem Marktplatz einer Stadt sein. Public Viewing wurde im Jahre 2006 beliebt, als die WM in Deutschland ausgetragen wurde.

TESTE DEIN WISSEN!

Wer hat während eines WM-Spiels in kürzester Zeit die meisten Tore geschossen?

a) Brasilien
b) Deutschland
c) England

Richtige Antwort: b). Beim WM-Spiel Deutschland – Brasilien 2014 schoss die deutsche Mannschaft vier Tore innerhalb von sechs Minuten und gewann mit einem 7:1.

KARNEVAL DER KULTUREN

Jede Stadt feiert irgendwann im Jahr ein Stadtfest, die Dörfer ein Dorffest und in großen Städten mit vielen Stadtteilen feiern die Menschen ein Stadtteil- oder Straßenfest. Zu dieser Art von Festen gehört der „Karneval der Kulturen" in Berlin. Das Besondere an diesem Stadtteil- oder Straßenfest ist, dass fast eine Million Besucher daran teilnehmen. Der „Karneval der Kulturen" findet immer am Pfingstwochenende statt und ist der größte Straßenumzug Deutschlands.

Mit einem bunten Kostümumzug präsentieren sich quer durch den Berliner Stadtteil Kreuzberg Tanz- und Musikgruppen und Akrobatikkünstler aus unterschiedlichen Nationen und feiern die menschliche Vielfalt. Mit dabei sind beispielsweise Sambatänzer aus Brasilien, Tanzgruppen aus Albanien, libanesische Hochzeitsmusiker, Salsatänzer und Percussionkünstler. Aber auch Künstler, die verrückte Kostüme aus ungewöhnlichen Sachen hergestellt haben, treten auf. Alle sind sich während des vier Tage langen Fests einig: Es ist toll und wunderbar, dass wir Menschen so verschieden sind! Und: Es ist egal, an welche Religion du glaubst oder welche Staatsangehörigkeit in deinem Pass steht.

Entlang der Straßen, auf denen die Parade stattfindet, gibt es Stände mit den tollsten Leckereien aus allen Ländern der Welt. Überall herrscht Partystimmung und die Menschen stehen beisammen und kommen miteinander ins Gespräch. Inzwischen gibt es neben dem großen Karneval auch einen „Kinderkarneval der Kulturen".

Das ist ein Kostümfest für die Kinder Berlins, ebenfalls mit viel Musik, Verkleidung, Darbietungen und einem Umzug. Die Idee des Kinderkarnevals ist dieselbe wie die des Karnevals für die Erwachsenen: Gemeinsam feiern wir für eine weltoffene Gesellschaft. Alle teilen den Wunsch, in einer Gemeinschaft leben zu können, in der Menschen aus den unterschiedlichsten Ländern willkommen sind. Jeder soll frei und selbstbestimmt leben können und die Menschen sollen nicht in Streit miteinander geraten.

Der erste Karneval in Berlin fand übrigens vor knapp 30 Jahren statt, wenige Jahre nachdem Berlin wieder die Hauptstadt von Deutschland wurde. Seitdem wird der Karneval der Kulturen immer beliebter und lockt immer mehr Menschen zu Pfingsten nach Berlin.

BERLIN

Berlin ist die Hauptstadt der Bundesrepublik Deutschland. Bis zum Fall der Berliner Mauer (1989) verlief durch die Stadt eine Mauer und teilte Berlin in zwei Teile: in Ostberlin und Westberlin. Ostberlin gehörte zur Deutschen Demokratischen Republik (DDR) und Westberlin zur Bundesrepublik Deutschland (BRD). Die damalige Hauptstadt der BRD war Bonn. Seit 1990 ist Berlin wieder die Hauptstadt von Deutschland. Heute leben 3,5 Millionen Menschen aus allen Teilen der Welt in Berlin.

HALLOWEEN

Jedes Jahr am letzten Tag im Oktober wird es in Amerika, Irland und inzwischen auch in Deutschland ziemlich gruselig. Am Abend und in der Nacht vor Allerheiligen ziehen Kinder und Erwachsene nämlich als Gespenster, Hexen oder Vampire verkleidet durch die Straßen. Besonders die Kinder gehen dann von Haus zu Haus und klingeln an den Türen. Wird die Tür geöffnet, fragen sie „Trick or Treat?“ oder „Süßes oder Saures?“ und verlangen Süßigkeiten. Wer keine Süßigkeiten gibt oder die Tür nicht öffnet, der muss mit einem Streich rechnen – vielleicht bekommt er Zahnpasta an die Türklingel geschmiert?

Das Fest Halloween stammt ursprünglich aus Irland. Möglicherweise feierten schon die Kelten das Ende des Sommers als Totenfest mit einem großen Feuer – das scheint ein Vorläufer von Halloween zu sein. Vor über 200 Jahren sind dann viele Iren nach Amerika ausgewandert. Natürlich haben sie auch in ihrer neuen Heimat am 31. Oktober Halloween gefeiert. Und so ist das Fest über die Jahre zu einem typischen amerikanischen Fest geworden, das im ganzen Land groß gefeiert wird. Besonders bekannt sind die ausgehöhlten Kürbisse, die zu dieser Jahreszeit überall in den Vorgärten und Fenstern stehen. Je gruseliger sie aussehen, desto besser!

Bis zum Jahr 1991 feierte in Deutschland niemand Halloween. Stattdessen hat man sich an Karneval verkleidet. Doch im Jahr 1991 fiel Karneval in Deutschland aus: Zu groß war damals die Trauer und das Entsetzen über den Zweiten Golfkrieg, der gerade ausgetragen wurde. Wie sollte man sich freuen und Spaß haben, während es anderswo auf der Welt so einen schrecklichen Krieg gab? Dieser endete dann im Februar 1991. Und im Oktober feierten die Menschen auch in Deutschland zum ersten Mal Halloween. Wir sehen an diesem Beispiel: Menschen brauchen Feste, während derer die Alltagsregeln für eine gewisse Zeit nicht gelten.

CANDY CORN

Eine beliebte Halloween-Süßigkeit in Amerika ist „Candy Corn", also „Süße Maiskörner". Diese Leckerei aus Maissirup und Zucker erinnert in Form und Größe wirklich an ein Maiskorn. Allerdings an ein ziemlich buntes! Es gibt in Amerika sogar Studien darüber, wie ein Candy Corn am liebsten gegessen wird. Die meisten Menschen bevorzugen es, die Süßigkeit im Ganzen zu essen. Einige beißen lieber zuerst die weiße Spitze ab und nur wenige Menschen essen das gelbe Ende als Erstes.

JACK MIT DER LATERNE

Die ausgehöhlten Kürbisse mit den schaurigen Fratzen sollen übrigens einen besonderen Bösewicht darstellen: Jack Oldfield. Man erzählt sich, dass Jack Oldfield versucht haben soll, den Teufel zu überlisten. Das hat angeblich teilweise geklappt und so kam Jack Oldfield nach seinem Tod nicht in die Hölle. Aber in den Himmel kam er aufgrund seiner bösen Taten auch nicht. Das Einzige, was ihm blieb, war ein Kürbis und ein Stück glühende Kohle. Damit wanderte er draußen umher und erschreckte Leute, aber auch böse Geister. In Amerika heißen die leuchtenden Kürbisse mit den geschnitzten Gesichtern daher „Jack O'Lantern", übersetzt „Jack mit der Laterne".

WEIHNACHTEN

Ursprünglich ist Weihnachten das Fest, an dem Christen die Geburt von Jesus Christus feiern. Er soll vor 2000 Jahren in einem Stall in Bethlehem geboren worden sein. Jedes Jahr an Weihnachten wird die Geschichte von Jesus' Geburt nachgespielt und in vielen Kirchen und Schulen von Kindern als Krippenspiel aufgeführt: mit Maria und Josef, einer Krippe und einem Jesuskind darin und mit Esel, Schafen und Ochsen. Nicht zu vergessen: die drei Könige Melchior, Kaspar und Balthasar, die Geschenke vorbeibringen.

Bis aber aus dem Geburtstag von Jesus ein internationales Weihnachtsfest wurde, dauerte es noch 300 Jahre. Die Menschen feiern Weihnachten nämlich erst seit etwa 1700 Jahren. Und ob der Geburtstag von Jesus wirklich am 24. Dezember war, das wissen wir nicht so genau. In der Bibel steht nämlich gar kein Geburtsdatum von Jesus. Vermutlich passt der 24. Dezember einfach sehr gut, weil die alten Römer am 25. Dezember die Wintersonnenwende und den Geburtstag ihres Sonnengottes feierten. Somit legten die Menschen damals einfach diese beiden Feste zusammen und machten daraus ein Fest: Weihnachten.

Heute feiern die Menschen Weihnachten fast überall auf der Welt – auch wenn sie einer anderen Religion als der christlichen angehören.

In Deutschland, Österreich und der Schweiz ist der Abend des 24. Dezembers der Heiligabend. Auch die beiden darauffolgenden Tage gehören als Erster und Zweiter Weihnachtstag zum Weihnachtsfest und sind in den meisten Ländern Feiertage, an denen Geschäfte und Schulen geschlossen sind. Die Menschen besuchen ihre Verwandten, essen zusammen und tauschen Geschenke aus. Den Brauch, sich etwas zu Weihnachten zu schenken, gibt es übrigens noch gar nicht so lange: erst seit knapp 500 Jahren.

Ob Weihnachtsmann oder Christkind die Geschenke bringen, hängt ganz davon ab, wo du aufwächst. In Amerika und in Großbritannien kommt der Weihnachtsmann durch den Kamin und füllt in der Nacht zum 25. Dezember Strümpfe, die am Kamin hängen. In Mexiko zerschlagen die Kinder an Weihnachten eine Piñata, eine Figur aus Pappmaschee, die mit Süßigkeiten und Spielzeug gefüllt ist. Und in Australien sitzen die Menschen bei über 30 Grad Celsius unterm Weihnachtsbaum, denn dort ist gerade Sommer.

WEIHNACHTSBAUM

Kerzen, Sterne, glitzernde Kugeln und Lametta: Zum Weihnachtsfest gehört ein Weihnachtsbaum, denkst du? Früher hängten sich die Menschen in Nordeuropa im Winter nur ein paar Tannenzweige ins Haus, um böse Geister fernzuhalten und den Frühling anzulocken. Erst vor 500 Jahren kamen Menschen auf die Idee, sich ganze Tannenbäume zu Hause aufzustellen.

TESTE DEIN WISSEN!

Weihnachtsbäume im Vatikan: Seit wann erlaubt das der Papst?

a) Seit 1982
b) Seit 1882
c) Seit 1682

Richtige Antwort: a). Weihnachtsbäume galten lange als heidnischer, also nicht christlicher Brauch. Deswegen waren sie in der katholischen Kirche verpönt. Papst Johannes Paul II. ließ 1982 den ersten Tannenbaum im Vatikan aufstellen.

SILVESTER

Nach dem *gregorianischen Kalender* feiern wir Silvester immer am 31. Dezember, dem letzten Tag im Jahr. Benannt wurde der Tag nach Papst Silvester. Der Name „Silvester" ist lateinisch und heißt übersetzt Waldmensch. Überhaupt hat der letzte Tag im Jahr noch viele verschiedene andere Namen: In einigen Gegenden wird er Altjahrabend oder Altjahrestag genannt. Die Engländer und Amerikaner sagen „New Year's Eve", das heißt übersetzt „Der Abend vor Neujahr".

Egal, wie man den letzten Tag vor dem neuen Jahr nennt, überall in der Welt gibt es eine Menge Bräuche und Traditionen, um ihn zu feiern. Einer davon ist, sich einen „Guten Rutsch!" zu wünschen. Damit ist aber keine wirkliche Rutschfahrt gemeint, sondern nur, dass der andere gut ins neue Jahr kommen soll. Ein weiterer Brauch ist es, an Silvester etwas Süßes und Fettiges wie beispielsweise Silvesterkrapfen oder Berliner Pfannkuchen zu essen.

In der Schweiz ziehen die sogenannten Silvesterklausen durch die Straßen und wünschen ein gutes neues Jahr. Die Klausen sind mit großen Masken verkleidete Menschen, die zum Jahresabschied mit lauten Schellen von Haus zu Haus ziehen.

In Schottland feiern die Menschen mit dem letzten Tag im Jahr „Hogmanay". Um Mitternacht macht man sich auf den Weg, um seine Freunde und Nachbarn zu besuchen. Nicht vergessen: Früchtebrot und Kekse aus Mürbeteig mitbringen! Mit einem rauchenden Wacholderzweig gehen die Menschen um ihre Häuser herum, um böse Geister und Krankheiten zu vertreiben. Dann wird alles gut im neuen Jahr.

Da das neue Jahr um Punkt Mitternacht beginnt, versuchen alle, so lange wach zu bleiben. Dann gibt es ein großes Feuerwerk zur Begrüßung! Außerdem läuten um Mitternacht die Kirchenglocken, damit alle mitbekommen, dass das neue Jahr begonnen hat.

Die meisten Menschen gehen an diesem Tag sehr spät zu Bett. Der erste Tag im Jahr, der Neujahrstag, ist fast überall ein Feiertag.

FEUERWERK

Vermutlich haben es vor 800 Jahren die Chinesen erfunden: das Feuerwerk aus brennbarem Schwarzpulver. Italienische Wissenschaftler haben dann aus den lauten Knalleffekten eine richtige Lichtershow entwickelt. Heute kennen wir Feuerwerke als laute und farbenfrohe Effekte am Himmel, die vor allem in der Nacht zum neuen Jahr in vielen Städten abgefeuert werden. Während des Jahres sind Feuerwerke verboten – in immer mehr Städten und Gegenden sogar an Silvester. Denn das Abfeuern ist nicht ganz ungefährlich und hinterlässt auch jede Menge Feinstaub, der nicht gesund für Menschen und Umwelt ist.

TESTE DEIN WISSEN!

Wo auf der Welt beginnt das neue Jahr zuerst?

a) In den USA
b) Auf Samoa
c) In Deutschland

Richtige Antwort: b). Das neue Jahr beginnt zuerst in Asien auf Samoa. Das liegt daran, dass die Erde rund ist und sich um die Sonne dreht. Sie ist in verschiedene Zeitzonen aufgeteilt: Wenn die Amerikaner das neue Jahr begrüßen, ist es in Deutschland schon ein paar Stunden alt.

SO GRÜSST DIE WELT!

Noch ein besonderer Tag: Am 21. November ist der „Welt-Hallo-Tag". Dieser Tag soll uns daran erinnern, dass wir Menschen miteinander sprechen. Denn eine Begrüßung kennen alle Menschen auf der Welt und über eine freundliche freut sich jeder ganz besonders. Welche Begrüßungen kennst du?

DEUTSCHLAND

Abhängig von der Region begrüßen sich die Menschen hier mit „Moin, Moin" (im Norden) und „Grüß Gott!" oder „Servus" (im Süden). Im Osten des Landes gibt man sich gern die Hand zur Begrüßung. Im Westen reicht auch ein freundliches „Guten Tag!". Nicht vergessen: Immer dem Anderen während der Begrüßung in die Augen schauen!

ENGLAND

Händeschütteln mögen die Engländer nur beim allerersten Treffen. Ansonsten begrüßt man sich mit einem „Hello, how do you do?" (Hallo, wie geht's?), auf das du immer mit der Gegenfrage „Thank you, I am fine. And you?" (Danke, mir geht es gut. Und dir?) antworten solltest. Freunde kannst du mit „Hi!" oder „Hello!" begrüßen.

FRANKREICH

In Frankreich wird zum Gruß geküsst: mit Luftküssen auf die Wangen. Wie viele solcher Küsse ausgetauscht werden, ist von Region zu Region verschieden. In der Regel sind es zwei bis vier „bises" (Küsschen). Achtung: Immer mit der rechten Wange anfangen! Dazu sagst du: „Salut!" (Hallo) oder „Bonjour!" (Guten Tag).

SPANIEN

„Buenos dias" sagt man in Spanien, wenn man dem anderen einen schönen Tag wünscht. Kennst du jemanden schon gut, dann folgt ein Wangenkuss: erst links, dann rechts. Freunde begrüßt du mit „Hola" (Hallo).

JAPAN

„Konnichiwa“ (Guten Morgen) ist die japanische Begrüßung am Morgen. Dabei verbeugst du dich und schaust auf den Boden. Nicht in die Augen schauen, das gilt als unhöflich! „Yoi tsuitachi“ (Guten Tag) sagst du, wenn der Morgen schon vorbei ist – aber bitte wieder mit Verbeugung. Ein einfaches Hallo gibt es in Japan eigentlich nicht. Mädchen rufen Gleichaltrigen als kurzen Gruß: „Oh!“ oder „Ah!“ zu und Jungs ein „Ya!“ oder „Osu!“.

ARKTIS

Du kannst andere Menschen auch mit deinem Gesicht anstatt mit deinen Händen grüßen. Dafür drückt ihr einfach eure Stirn und Nase leicht gegeneinander. Sehr beliebt ist der Nasengruß in arktischen Gegenden, also am Nordpol. Denn für ihn musst du nicht mal die Handschuhe ausziehen.

JÜDISCHER GRUSS

Gläubige Juden grüßen sich mit dem hebräischen Wort „Schalom“, was auch soviel wie „Ruhe und Frieden“ bedeutet. Auch zum Abschied kannst du „Schalom“ sagen. Wenn du jemandem einen schönen Schabbat wünschst, sagst du: „Schalom Schabbat“.

BUDDHISTISCHER GRUSS

Buddhisten grüßen sich mit „Tashi Delek“. Das ist Tibetisch und heißt: „Viel Glück“. Dazu gehört eine Verneigung mit geschlossenen Handflächen.

MUSLIMISCHER GRUSS

In Ländern wie Iran, Türkei, Ägypten oder Saudi-Arabien grüßen sich die Menschen mit dem arabischen „As-salamu alaykum“ (Friede sei mit dir). Darauf kannst du mit „Wa-alaikum us-salam“ (Und mit dir der Frieden) antworten.

HINDUISTISCHER GRUSS

In Indien und anderen asiatischen Ländern legst du vor deiner Brust die Handflächen aneinander, senkst deinen Kopf, schließt die Augen und sagst: „Namaste“. Das bedeutet: „Ich verbeuge mich vor dir“. Damit zeigst du deinem Gegenüber, dass du Respekt vor ihm hast. Das zeigst du übrigens auch, indem du keine Frage mit „Nein“ beantwortest und auch keine Fragen stellst, die der andere mit „Nein“ beantworten müsste.

DREIDL – DAS SPIEL MIT DEM KREISEL

Zum jüdischen Lichterfest Chanukka spielen die Familien abends gemeinsam das Dreidl-Spiel. Spielst du es mit Schokoladenmünzen, geht es vor allem darum, möglichst viele von diesen Münzen zu gewinnen. Du kannst natürlich auch um Rosinen spielen, wie es Kinder in Israel tun. Du brauchst zum Spielen mindestens einen zweiten Spieler, aber ihr könnt auch mit vielen anderen zusammenspielen. Hier kannst Du dir einen Dreidl selber basteln.

DU BENÖTIGST:

✂ Bastelvorlage ✂ Schere ✂ Klebstoff ✂ Stifte ✂ Tonpapier ✂ Zahnstocher oder kleinen (kurzen) Stift ✂ Schokoladenmünzen, Rosinen oder etwas Ähnliches für den Gewinn

UND SO GEHT'S:

1) Klebe die Vorlage auf festes Tonpapier.

2) Dann schneidest du die Fläche auf dem Tonpapier entlang der Linien aus. Klebe die Flächen zusammen.

3) In die Öffnung steckst du einen kurzen Buntstift oder Zahnstocher (Achtung: Mach das Loch nicht zu groß!)

4) Auf jeder Seite des Dreidls ist nun ein hebräischer Anfangsbuchstabe zu lesen:

נ (Nun), ג (Gimel), ה (He), ש (Schin). Das sind die Anfangsbuchstaben des hebräischen Satzes: „Nes gadol haja scham“. Das bedeutet: „Ein großes Wunder geschah dort.“ (Mehr dazu kannst du auf Seite 88 nachlesen.)

DAS SPIEL:

Setzt euch um einen Tisch herum. Alle Mitspieler erhalten zehn Schokoladenmünzen oder zehn Rosinen. In der Mitte steht ein Topf mit weiteren Münzen oder Rosinen. Der Reihe nach dürft ihr den Kreisel drehen. Kommt der Kreisel zur Ruhe, fällt er auf eine Seite. Die Seite, die jetzt nach oben zeigt, gibt den Hinweis auf die Höhe des Gewinnes. Ist beispielsweise der hebräische Buchstabe „ש“ zu lesen, ist das die Abkürzung für „Schin“. Das ist Jiddisch und steht für: „Tu hinein“. Du gibst also die Hälfte deiner Münzen in den Gemeinschaftstopf. Liest du ein „ה“, bedeutet das „He“ (halb): Du darfst die Hälfte aller Münzen an dich nehmen, die sich im Topf befinden. Bei „ג“ für „Gimel“ (alles) darfst du alles aus dem Topf nehmen und bei „נ“ für „Nun“ (nichts) gehst du leider leer aus. Zu Ende ist das Spiel, wenn der Topf leer ist und niemand mehr Lust hat weiterzuspielen.

Viel Spaß!

EIN REZEPT FÜR GEBILDBROTE

Zu vielen Festen wird Gebäck in Form von Figuren oder Bildern verschenkt. Man nennt diese Brote oder dieses Gebäck „Gebildbrote" - weil sie etwas abbilden. Zu dieser besonderen Gebäcksorte gehören: der Hefezopf zu Ostern oder zum jüdischen Schabbat, das Lebkuchenherz zu Weihnachten, das Reformationsbrötchen zum Reformationstag oder der Stutenkerl zum Nikolaustag. Darüber hinaus gibt es noch viele andere Gelegenheiten, an denen Gebildbrote verschenkt und gegessen werden. Hier findest du ein Rezept für alle Anlässe:

DU BENÖTIGST:

1 große Schüssel
1 sauberes Geschirrhandtuch
1 Backblech
400 Gramm helles Weizenmehl
1 Hefewürfel oder 1 Päckchen Trockenhefe
150 Milliliter warme Milch
60 Gramm Butter
60 Gramm Zucker
2 Eigelb
1 Teelöffel Salz
1 Teelöffel Zitronensaft
Vanillezucker
Zum Bestreichen:
Küchenpinsel
1 Ei
1 Esslöffel Milch
Hagelzucker und Rosinen

UND SO GEHT'S:

1. Gib das Mehl in eine Schüssel und zerkrümele die Hefe darauf. Füge die restlichen Zutaten nach und nach dazu und knete alles zu einem glatten Teig.

2. Lass nun den Teig in der Schüssel mit einem Handtuch abgedeckt für 15 Minuten an einem warmen Ort ruhen.

3. Jetzt kannst du den Teig nehmen und daraus Figuren formen: Hasen, Weckmänner, Kränze, Brezeln ... ganz, wie du magst!

4. Lege deine Figur anschließend auf das Backblech und lasse sie für eine Stunde ruhen.

5. Verquirle das Ei mit der Milch, nimm einen Küchenpinsel und streiche damit die Figuren ein. Mit dem Hagelzucker und den Rosinen kannst du deine Brote noch verzieren: Rosinen eignen sich sehr gut als Augen oder Knöpfe.

6. Im vorgeheizten Backofen wird deine Figur dann bei 180 Grad für 20–30 Minuten gebacken.

Guten Appetit!

MALE EIN RANGOLI!

Erinnerst du dich? Ein Rangoli ist ein Kunstwerk, das zu feierlichen Anlässen in Indien angefertigt wird. Oft wird dazu farbiger Sand verwendet, der vorsichtig auf den Boden gestreut wird, sodass daraus ein großes buntes Bild mit geometrischen Formen und Blüten entsteht. Male dein Rangoli mit bunten Filzstiften auf Papier. Benutze dazu die Vorlage!

SO FEIERT DIE WELT – TESTE DEIN WISSEN!

1 Zum traditionellen Thanksgiving wird in den USA aufwendig für die ganze Familie gekocht. Was darf auf keinen Fall bei diesem Festessen fehlen?

a) Gefüllter Fisch
b) Gänsebraten mit Rotkohl
c) Gefüllter Truthahn

2 Zu welchem Anlass gibt es in den Niederlanden „Muisjes“, kleine Mäuse? Erinnerst du dich?

a) Wenn die Kinder in die Schule kommen
b) Zu einer Hochzeit
c) Wenn ein Baby geboren wird

3 Zu Halloween rufen die Kinder in den englischsprachigen Ländern „Trick or Treat?“ – Weißt du, was es heißt?

a) Streich oder Leckerbissen
b) Süßes oder Saures
c) Süßes oder Prügel

4 Wo und wann rufen sich die Menschen „Holi Hai!“ zu?

a) In Tibet zum Neujahrsfest
b) In Indien zum Frühlingsfest Holi
c) In Nepal zu Buddhas Geburtstag

5 Was bedeutet „Sakura“?

a) Das ist der Trauertag der Schiiten.
b) Das ist Japanisch und heißt Kirschblüte.
c) So hieß die germanische Sonnengöttin.

6 Wann ist es an der Zeit, sich zu vertragen und seine Schulden zu begleichen?

a) Zum tibetischen Neujahrsfest
b) Zum indischen Frühlingsfest
c) Zum *Ramadan*

7 An welchem Tag kommen in Mexiko ganz besondere Verwandte zu Besuch?

a) Zu Weihnachten
b) Am Tag der Toten Ende Oktober
c) Zu Ostern

8 Welches Land hat als erstes einen Kindertag als offiziellen Feiertag eingeführt?

a) Polen
b) Tunesien
c) Die Türkei

Die Lösungen findest du auf Seite 141.

GLOSSAR

Asket: Jemand, der sich im Verzichten übt: beim Essen, beim Trinken, beim Spaßhaben. In Indien ist Askese eine gängige religiöse Praxis.

Chawuot: Jüdisches Wallfahrtsfest, das sieben Wochen nach dem *Pessachfest* stattfindet.

Christi Himmelfahrt: Christlicher Feiertag, der vierzig Tage nach Ostern stattfindet. Gefeiert wird, dass Jesus in den Himmel und zu Gott zurückgekehrt ist.

Dreifaltigkeit: Im christlichen Glauben besteht die Kraft Gottes aus drei Teilen: Gott Vater, Sohn Jesus und Heiliger Geist. Das ist die Dreifaltigkeit.

Exil: Kommt vom lateinischen Wort „exilium" (übersetzt: in der Fremde lebend). Verlässt jemand sein Land aus politischen oder religiösen Gründen, lebt er in einem anderen Land im Exil.

Gregorianischer Kalender: Der Kalender, der auf der Welt am häufigsten benutzt wird. Eingeführt hat ihn Papst Gregor XIII. im 16. Jahrhundert.

Heterosexuell: Wer sich zu Menschen vom anderen Geschlecht hingezogen fühlt, ist heterosexuell: wenn Männer sich in Frauen verlieben und Frauen in Männer.

Indonesien: Land in Südostasien, das aus Tausenden kleinen Inseln besteht. Die bekanntesten Inseln sind Bali, Java und Sumatra.

Irak: Staat in Asien. Die Hauptstadt heißt Bagdad. Im Irak spricht man Arabisch und Kurdisch.

Jom Kippur: Wichtigster jüdischer Feiertag, der auch als „Versöhnungstag" bezeichnet wird. Erwachsene fasten an diesem Tag. In Israel ist an diesem Tag alles geschlossen, sogar Radio und Fernsehen gibt es an diesem Tag nicht.

Krugfest Kumbh Mela: Hinduistisches Fest, das alle drei Jahre an einem anderen Ort gefeiert wird. Traditionell gehen die Menschen im heiligen Fluss baden, um sich von allem Bösen zu befreien.

Makarsankranti: Hinduistisches Sonnenwendenfest, mit dem das Ende der kalten Jahreszeit gefeiert wird.

Messias: Retter der Welt. Für die Christen war das Jesus.

Mevlid Kandili: Der Geburtstag Mohammeds. Muslime nennen diesen Tag „Mevlid Kandili" oder „Maulid an-Nabi".

Mondkalender: Ein Mondkalender orientiert sich an den Phasen des Mondes. Dieser Kalender hat zwölf Monate, aber jeder Monat hat nur 29 oder 30 Tage. Das macht also nur 354 Tage pro Jahr. Der *Gregorianische Kalender* hingegen hat 365 Tage. Berechnest du das Jahr nach dem Mondkalender, verschieben sich alle Monate rückwärts. Du hast also mal im Sommer und mal im Winter Geburtstag. Alle Feiertage im Islam werden nach diesem Kalender berechnet – daher ist auch *Ramadan* manchmal im Winter, manchmal im Sommer.

Muharram: Das ist der erste Monat im islamischen Jahr.

Nazareth: Stadt in Israel, die für die Christen besonders wichtig ist. Die Eltern von Jesus – Maria und Josef – kamen nämlich aus dieser Stadt.

Opferfest: Das wichtigste islamische Fest. Es heißt Eid ul-Adha und wird immer zurzeit des Haddsch, der Pilgerfahrt nach Mekka, gefeiert.

Pessach: Jüdisches Fest, das an den Auszug des Volkes Israel aus Ägypten erinnern soll.

Pfarrer: Die Person, die einen christlichen Gottesdienst abhält.

Prophet: Jemand, der eine göttliche Botschaft verkünden will.

Prozession: Religiöses Ritual, das es in vielen Religionen gibt. Menschen gehen während einer Prozession zusammen und nach bestimmten Regeln durch die Straßen.

Ramadan: Muslimischer Fastenmonat. Während des Ramadan wird von Sonnenaufgang bis Sonnenuntergang nichts gegessen oder getrunken.

Rathayatra: Hinduistisches Wagenfest zu Ehren Krishnas.

Rosch Haschana: Jüdisches Neujahr. Traditionell gibt es Honig und Äpfel.

Schrein: Ein Ort, an dem kostbare Dinge aufbewahrt werden – ähnlich wie ein Altar. Es gibt öffentliche Schreine (in Ländern Asiens), in denen du auch meditieren oder beten kannst. Einen Schrein kannst du aber auch zu Hause haben mit Dingen, die dir wichtig sind.

Schwul: Wenn Männer Männer lieben, bezeichnen sie sich oft als schwul. Das Wort schwul ist allerdings eher umgangssprachlich, die offizielle Bezeichnung lautet homosexuell. Wenn Frauen Frauen lieben, bezeichnen sie sich als lesbisch.

Shiva: Einer der Hauptgötter im Hinduismus. Er hat viel Kraft und Energie. Er zerstört und schafft danach Neues.

Sonnenkalender: Der Sonnenkalender oder Solarkalender orientiert sich an der Umrundung der Erde um die Sonne. Der bekannteste Sonnenkalender ist der *gregorianische Kalender*, nach dem wir in Deutschland unsere Zeit einteilen.

Taufe: Christliches Ritual, mit dem ein Mensch in die Religionsgemeinschaft aufgenommen wird.

Tempel: Heiliges Gebäude, in dem Menschen beten, meditieren, singen oder sich auf ihre Religion besinnen.

Vishnu: Ein weiterer Hauptgott im Hinduismus. Er sorgt für Beständigkeit und passt auf, dass alles bleibt, wie es ist. Er hat vier Hände.

Weltreligion: Es gibt wahnsinnig viele verschiedene Arten, religiös zu leben. Um sich in der Anzahl der vielen Religionen und Glaubensrichtungen etwas orientieren zu können, sprechen die Menschen von fünf Weltreligionen. Das sind die Religionen, die momentan die meisten Anhänger haben: Hinduismus, Judentum, Christentum, Islam und Buddhismus.

BILDNACHWEIS

www.stock.adobe.com:
Fotos: maciek905 2/3, 142/143 (Weltkarte) orijinal_x 2/3, 142/143 (Schilder), asab80 9, V.R.Murralinath 10, jessicahyde 11, asafeliason 12, ollega 13, Renáta Sedmáková 14, 76 o., Circumnavigation 15, Orhan Çam 17, Brad Pict 19, kai-creativ 24, Blacky 29 o., slavio2004 32 o., Gerhard Seybert 32 u., prudkov 34 u., Tino Hemmann 34 o., Rawpixel.com 35, 42 o., eldadcarin 37, Jaboticaba Fotos 38, Macroscopic Solution 39 o., Grispb 39 m., claudio contu 40 u., Scarabea 41, santypan 42 u., Birgit Reitz-Hofmann 43, Pecold 44, kerdkanno 48 o., Svetlana Nikolaeva 48 u., Irena Misevic 50 u., Patricia 52, TOMO 53 o., Dariia Belkina 55, Kara 56 m., antikarium 57 o., Bastetamon 57 u., Dan Breckwoldt 59, allegro60 60, Patrick Poendl 63, Uwe 64, zilvergolf 67 o., philippe Devanne 67 u., jorisvo 71 o., RobertCoy 73, Tanya Hendel 75 o., Suzanne Plumette 75 m., Pio Si 76 m., Наталья Наумова 78, Jasmin Merdan 80, elmirex2009 81, manees 83 u., renaria 86 o., Georgios Kollidas 87 o., Thomas Mucha 87 u., Roman Yanushevsky 88, Katherine 93 u., boomerang11 95, Elaine Clair 97 u., PhotoElite 100, NATHAN WHITE IMAGES 101, neko92vl 102, rcfotostock 103, mirzamlk 104, lizavetta 105, Abdul Qaiyoom 105 (Armbänder Deko), Hugo Alejandri 110, Peter 111, Ralf Geithe 114 o., Chinnapong 114 u., Julija 114/115 (Girlande), Sinuswelle 115, paulaphoto 119 o., ink drop 119 u., Image'in 120, Yvonne Bogdanski 122 u., flashpics 123 u., Juan Llauro 125 o., vladgeorgescu 125 u., Monkey Business 126, lunamarina 127, IndiaPix 128, AGPhotography 129, Ingo Bartussek 134, k_tatsiana 135 (Malvorlage), designscroller 135 (Rangoli o.l.), ponizeothox 135 (Rangoli o.r.), yulia337 (Rangoli m.r.), yvecher 135 (Rangoli u.)
Gestaltung „Teste dein Wissen“: primiaou 11, 19, 73, 75, Kate Macate 13, 89, Song_mi 15, Boyko. Pictures 17, Olesya 29, Elena 39 (Blätter), artbalitskiy 39 (Insekt), elinacious 49, ollymolly 51, kuco 59, nafanya241 62, modisketch 81, teirin 96, 127, Good Studio 109, sheva_ua 121, mhatzapa 129
Bordüren: lera_efremova 8-21, 130-137

dpa Picture Alliance, Frankfurt:
picture alliance/Minden Pictures 40 o., © dpa 53 o., 99 o., picture alliance / AP Images 94, picture alliance / Photoshot 109

Jüdisches Museum Berlin:
Amichai Green 133 (Bastelvorlage Dreidl)

mauritius images:
26, 27, 29 m., 31 m., 31 u., 36, 50 o., 54 o., 54 u., 56 u., 61 o., 61 u., 62, 64, 70, 71 u., 79, 83 o., 85, 86 u., 89, 92 o., u., 93 o., 96, 97 o., 98, 99 u., 105 o., 106, 107 o. u., 121, 122 o., 123 o.

www.shutterstock.com:
PinkPueblo (Klebestreifen)

„TESTE DEIN WISSEN“ LÖSUNGEN FÜR SEITE 136/137

1c)

2c). Zur Geburt werden die „Muisjes“, bunte Zuckerstreusel, auf einem Stück Zwieback gegessen

3a)

4b)

5b)

6a). Zu Losar sollte man alle Schulden beglichen, alle Streitereien bereinigt haben und das neue Jahr mit guten Vorsätzen beginnen.

7b). Einmal im Jahr kommen die Verstorbenen aus dem Jenseits zu Besuch.

8c). Das war im Jahr 1920.

GRÖN-
LAND
EUROPA
NORD-
AMERIKA
AFRIKA
SÜD-
AMERIKA